县域农业产业振兴发展总体规划范例

——以江西省广昌县白莲为例

屈宝香　崔泽民　信　军
谢克强　赵玙璠　刘　爽　等著

气象出版社
China Meteorological Press

内 容 简 介

本书以白莲市场为导向，按照特色资源依托、比较优势强化、产业系统开发等原则，提出科技兴莲、人才聚莲、质量立莲、品牌强莲、市场活莲、旅游旺莲、文化养莲、产业富莲八大战略构想与六大产业主攻方向，同时明确了“一个中心，三大基地，五大体系”八个产业振兴重点项目，并把产业科技创新的研究领域、“广昌白莲”品牌建设、产业目标与建设任务，以及实验室的建设设计等，作为广昌白莲产业发展的重要内容进行了详细规划。本书对进一步提高广昌白莲产业的发展和推动县域产业振兴具有现实指导意义，而且对全国白莲产业的整体提升和未来长远发展具有一定的示范指导作用。本书可作为特色农业开发、农业产业规划和农村区域发展从业人员培训教材及相关人员业务学习参考书。

图书在版编目（CIP）数据

县域农业产业振兴发展总体规划范例 ： 以江西省广昌县白莲为例 / 屈宝香等著. -- 北京 ： 气象出版社, 2021.12
ISBN 978-7-5029-7639-2

Ⅰ. ①县… Ⅱ. ①屈… Ⅲ. ①农业产业－产业发展－总体规划－广昌县 Ⅳ. ①F327.564

中国版本图书馆CIP数据核字(2021)第266708号

县域农业产业振兴发展总体规划范例——以江西省广昌县白莲为例
Xianyu Nongye Chanye Zhenxing Fazhan Zongti Guihua Fanli
——Yi Jiangxi Sheng Guangchang Xian Bailian Wei Li

出版发行：气象出版社
地　　址：北京市海淀区中关村南大街 46 号　　**邮政编码**：100081
电　　话：010-68407112(总编室)　010-68408042(发行部)
网　　址：http://www.qxcbs.com　　**E-mail**：qxcbs@cma.gov.cn
责任编辑：张　媛　　**终　　审**：吴晓鹏
责任校对：张硕杰　　**责任技编**：赵相宁
封面设计：艺点设计
印　　刷：北京中石油彩色印刷有限责任公司
开　　本：787 mm×1092 mm　1/16　　**印　　张**：8
字　　数：204 千字　　**彩　　插**：2
版　　次：2021 年 12 月第 1 版　　**印　　次**：2021 年 12 月第 1 次印刷
定　　价：70.00 元

《县域农业产业振兴发展总体规划范例——以江西省广昌县白莲为例》执笔人员

屈宝香	崔泽民	信　军	谢克强	赵玙璠
刘　爽	马金英	王宏伟	王　彬	王海英
王　锋	尼　玛	刘丽军	刘韵非	邱　莉
李晓琳	李迎秋	李　萍	李　薇	向　雁
杨从科	杨良波	陈　晨	陈晓英	闵继征
张丹丹	张立非	张少峰	张　华	张华国
张克萌	张兆钰	张　新	林　彤	武中庆
武　斌	罗　康	赵　晶	姜　伟	徐金星
钱静斐	梁　晨	殷　俊	黄念曾	蒋群茂
路家涛	霍剑波			

前 言

广昌白莲(又名广昌通芯白莲,指莲子产品),因早年盛产于江西省广昌县而得名。广昌白莲是一个非常有地方特色的子莲产品,明代李时珍《本草纲目》记载“莲以豫章汝南者良”。“豫章”是江西古称,“汝水”是抚河旧称,“汝水以南”就是指现今南城至广昌一带。广昌白莲色白、粒大、味甘、清香、炖煮易烂、汤清肉绵、营养丰富、药用广泛,在子莲中独具特色,历来被称为“贡莲”,并享有“莲中珍品”的美誉,畅销海内外,是我国著名的名特优农产品之一。

广昌白莲生产有1300余年的历史,是著名的“中国白莲之乡”。广昌是1986年国务院确定的国家重点贫困县,2002年列入国家扶贫开发工作重点县。2010年,广昌被确定为国家“县为单位、整合资金、整村推进、连片开发”试点县。改革开放以来,广昌白莲产业步入发展新时期。广昌以培育发展绿色白莲产业为抓手,着力促进贫困乡村产业发展,增加贫困人口收入。特别是近年来,广昌白莲生产进入快速高效发展阶段,白莲产业已成为广昌县域经济的支柱产业和农民收入的主要来源。但是伴随着广昌白莲产业化的发展,一些限制因素开始显现。如何突破限制因素的制约,给白莲产业注入新的动力,促进白莲产业跃上一个新台阶,是当前广昌白莲产业发展面临的一个重要课题。为此,广昌县委、县政府提出,要在深入分析白莲产业发展现状及未来发展前景的基础上,结合广昌县的资源条件,科学制定广昌白莲产业发展规划。

科学制定具有区域特色的县域主导产业发展规划,以规划指导广昌县域经济社会发展,带动革命老区群众脱贫致富,是共享发展成果、构建和谐社会的需要,是探索贫困老区扶贫开发模式的需要,也是建设社会主义新农村、发展“一县一业”、推进现代农业建设的重要途径。这不仅对进一步提高广昌白莲产业的发展水平和产业效益具有重要的现实指导意义,而且对全国白莲产业的整体战略提升和未来长远发展具有深远的历史推动作用。

本规划的编制与出版获得了诸多专家的支持和帮助,承担了文本编写、图表绘制、资料数据核准及出版前文字通稿编辑的人员,具体分工如下:

前言与第一章广昌县白莲产业发展现状,由杨从科、赵玙璠、张华执笔,赵玙璠、崔泽民、李萍、李迎秋统稿；第二章广昌县白莲产业发展机遇与挑战，由赵玙璠、邱莉、刘丽军执笔，信军、霍剑波、张克萌、陈晓英、张少峰统稿；第三章广昌县白莲产业发展总体思路，由屈宝香、谢克强、崔泽民执笔，信军、崔泽民、闵继征、杨良波统稿；第四章广昌县白莲产业发展总体方案，由屈宝香、谢克强、赵玙璠、刘爽执笔，由崔泽民、刘爽、王宏伟、王锋、赵晶、张丹丹、刘韵非统稿；第五章广昌县白莲重点项目建设内容，由谢克强、刘丽军、邱莉执笔，屈宝香、赵玙璠、崔泽民、张克萌、陈晓英、马金英、尼玛、张华国统稿；第六章广昌县白莲品牌提升与市场营销策略，由黄念曾、赵玙璠执笔，向雁、徐金星、李薇、张兆钰、武斌统稿；第七章广昌县白莲投资估算与效益分析，由钱静斐执笔，王海英、罗康、陈晨、殷俊、蒋群茂、姜伟、林彤统稿；第八章广昌县白莲产业发展保障措施，由屈宝香、刘丽军执笔，张立非、路家涛、张新、武中庆、崔泽民、李晓琳统稿。此外，屈宝香、崔泽民、刘爽、赵玙璠负责全书文本与表格的格式统一通稿，梁晨、王彬负责规划空间总体布局与产业布局图的绘制。在此感谢本书所有执笔人员、统稿人员与图表绘制人员。本书虽经过多次讨论与修改，但可能仍有不足，敬请提出批评。

著者

2021 年 10 月

目 录

第一章　广昌县白莲产业发展现状

广昌建县于南宋绍兴八年(1138 年)，因“道通闽广，郡属建昌”而得名。东与福建建宁、宁化县接壤，西连宁都，南界石城，北邻南丰，是抚河的发源地。县域总面积 1612 km^2，四面环山，构成了“八山一水半分田，半分道路和庄园”的格局。境内交通运输主要依靠 206 国道、济广高速和昌厦一级公路。广昌是国家电气化县、国家生态能源建设试点县，拥有现代化技术先进的电信和邮政网络。2020 年，广昌县辖 6 镇 5 乡 1 场 129 村，总人口为 25.12 万人，其中，农业人口为 14.42 万人；全县生产总值为 82.29 亿元，财政收入达 10.21 亿元。

第一节　编制白莲产业规划背景与意义

党的十九大报告把乡村振兴战略作为党和国家重大战略，这是基于我国社会现阶段发展的实际需要而确定的。中央提出实施乡村振兴战略，指出产业兴旺的重要性，要紧紧围绕农村一、二、三产业融合发展，加快构建现代农业产业体系和经营体系，提高农业整体竞争力。为此，江西省广昌县委提出以“抓项目促发展，培产业强经济”为主线，以大产业推动大发展的思路，看准了广昌白莲特色农业产业的发展优势，从制定广昌县白莲产业发展规划起步，力争在构建广昌白莲现代产业体系的过程中有所突破。虽说产业结构调整不是一个新的概念，但构建现代白莲产业体系却是一个全新的目标。它不仅是广昌转变经济发展方式的一条重要路径，也是未来很长一段时间广昌社会经济发展的主攻方向。

1. 广昌县自然社会经济状况分析

(1)自然状况良好

广昌属亚热带季风气候区，气候温和湿润，雨量充沛，四季分明，日平均气温为 19.1 ℃，年平均日照时数为 1932 h，年平均降雨量为 1700 mm，年平均无霜期为 273 d。广昌物产丰饶、资源富庶。通芯白莲、烟叶、茶树菇、泽泻为广昌四大传统特产。广昌矿藏储量丰富，硅藻土储量 2700 万 t，是全国四大矿点之一；瓷土蕴藏量达 2 亿～3 亿 t；锂辉石储量全国第一。广昌河流众多，水资源充足。全县有水库 36 座，其中，中型水库 3 座，小型水库

33座，另有塘坝895座。全县水能理论蕴藏量5.3万kW，其中，可开发量3.8万kW，发电站105座，装机容量1.25万kW。广昌是全国农村初级电气化县。农田有效灌溉面积0.99万hm^2。

全县耕地总面积20.64万亩①，常用耕地面积19.07万亩，其中，水田面积17.39万亩，旱地面积1.68万亩，土壤有机质含量高，氮素中等，磷钾偏缺，土地利用率高，且潜力很大。广昌林业资源丰富，林业用地面积172万亩，森林面积139.7万亩，森林覆盖率达65.9%，活林木蓄积量达348万m^3。全县林木品种51科185种。动物有狼、野猪、野山羊、穿山甲、蛇等近百种。

广昌县山清水秀，旅游资源十分丰富。著名景点如百里莲花带、青龙湖、摩崖石刻、千年古刹定心寺、明代古寺龙凤岩、明清建筑群、明代雯峰书院、宋代雁塔；列为中华之最的广昌恐龙化石、太平军战斗旧址、苏区遗址、高虎脑红军烈士纪念碑被列为爱国主义教育基地等。广昌民风淳朴、和谐平安、社会稳定。连续16年被评为抚州市综合治理工作先进县，多次被评为全省综治工作先进县和全国社会治安综合治理工作先进县。

(2)社会经济基础较强

广昌劳动力资源丰富，尤其是农村劳动力剩余较大，全县农村劳动力资源为11.9万人，其中，男劳动力5.1万人，女劳动力4.4万人，2011年农村只能容纳6.8万人，尚有5万余人劳动力剩余。“十一五”期间，广昌县委、县政府全面贯彻落实科学发展观，坚定不移地加快发展，实现经济总量持续大幅度增长，产业结构进一步优化，基础设施建设不断完善，城市面貌日新月异，经济和社会事业发展取得了显著成效。广昌物流畅达、投资环境宽松。广昌物流在全国各地拥有物流公司5000余家，从业人员近5万人，被誉为“中国物流第一县”。

“十一五”期间累计完成全社会固定资产投入50.24亿元，年均增长41%。其中，2010年达18.05亿元，同比增长41.4%，连续两年实现40%以上的高位增长。“十一五”期间，全县地区生产总值年均增速达14.8%。“十三五”期间，累计完成全社会固定资产投入265.8亿元，年平均增长10.4%。其中，2020年为52.74亿元，同比增长8.5%；全县地区生产总值年平均增速达7.3%。2010年，全县实现地区生产总值20.2亿元，同比增长15.4%，高于全市、全省平均水平，人平均地区生产总值达到8386元；2010年财政收入增加到5.4亿元，年平均增长48.6%，占全县地区生产总值的比重达26.7%，地方可支配财力不断增加。2020年全县生产总值为82.29亿元，同比增长3.6%，人平均地区生产总值

① 1亩=1/15 hm^2，下同。

为 39953 元;财政收入增加到 10.21 亿元,年平均增长 4.9%,占全县地区生产总值的比重达 12.41%。

2010 年,全县金融机构各项存款余额为 36.98 亿元,各项贷款余额为 17.3 亿元。城乡居民消费水平、储蓄存款大幅提高。2020 年,全县金融机构各项存款余额为 122.2 亿元(含外资),各项贷款余额为 96.19 亿元(含外资)。2010 年,全社会消费品零售总额达到 62344 万元,年平均增长 19.2%。2020 年,全社会消费品零售总额达到 30.73 万元,年平均增长 7.7%。2010 年,农民人平均纯收入达 3003 元,5 年增加 1552 元,年平均增长 15.7%。2020 年,农民人平均纯收入达 12553 元,5 年增加 4249 元,年平均增长 10.9%。2010 年,全县城乡居民储蓄存款余额增加到 25.66 亿元,年平均增长 19.23%。2020 年,全县城乡居民储蓄存款余额增加到 92.31 亿元,年平均增长 13.8%。

(3)县域经济结构日趋合理

在统筹工业化、城镇化与农业现代化发展过程中,广昌县三大产业结构日趋合理,内部结构进一步优化。三大产业比重由 2005 年的 32∶29∶39 调整到 2010 年的 19∶50∶31。2020 年,一、二、三产业比重为 14.6∶33.1∶52.3。被江西省委、省政府授予“农村经济结构调整先进县”;被江西省农业厅认定为全省第一批省级现代农业示范区,莲、烟、药、菌、果五大产业强力助推农民增收;经农业部①全国绿色食品中心批准,广昌成为全国第一个绿色食品(白莲)标准化原料基地县。

广昌工业园区是 2006 年由江西省政府批准的省级工业园,2011 年初步形成了食品加工业、电子加工业、玩具工艺品加工业、服装鞋业、有色金属五大特色产业。2010 年,园区完成主营业务收入 30.5 亿元,实现税金 1.17 亿元;已开发面积达到 6100 亩,累计完成固定资产投资 5.8 亿元,入园企业总数达到 108 家。广昌工业园区 2020 年完成主营收入 67.1 亿元,同比增长 6.2%;实现税金 3.41 亿元,累计完成固定资产投资 18.92 亿元,入园企业总数 178 家。2010 年全县规模以上工业增加值达到 5.78 亿元,年均增幅 35%(可比价),规模工业企业达到 36 家。2020 年全县规模以上工业增加值达到 20.23 亿元,年平均增幅为 7.9%(可比价),规模以上工业企业达到 63 家。2010 年,全县引进 5000 万元以上的工业项目 23 个,其中亿元项目 15 个,实际进资达 12.49 亿元。园区实现工业主营业收入达到 30.5 亿元,同比增长 60.9%。园区规模日渐扩大,开发面积已达到 6100 亩,企业总数达到 108 家,项目承接能力大大增强。

(4)农业产业结构不断优化

广昌县农业经济稳步发展,农业产业结构不断优化。2010 年,粮食播种面积达 29.23

① 1949 年 10 月,农业部成立。2018 年 3 月,调整为农业农村部。

万亩，同比减少 4.5%；粮食总产量达 10.63 万 t，同比增长 3.01%；烤烟种植面积 2.58 万亩，烤烟产量达 3840 t；白莲种植面积达 5.49 万亩，同比增加 8.24%；新增市级农业产业化龙头企业 5 家，农民专业合作社 14 家。农业产业化步伐加快，农业结构不断优化升级，被省委、省政府授予"农村经济结构调整先进县"。农民人均纯收入达 3003 元，同比增长 17.9%。新农村建设整合资金 1574 万元，建设 40 个新农村示范点，村容村貌得到明显改观。

"十三五"期间，农业结构进一步优化，2020 年粮食播种面积 25.35 万亩，同比增加 0.05%；粮食总产量达 11.3 万 t，同比增加 0.63%；烤烟种植面积为 0.75 万亩，烤烟产量为 930 t；白莲种植面积达 1041 万亩，同比增加 9.8%；白莲亩产量为 61.7 kg；新增市级农民专业合作社 10 家。农民人平均纯收入为 12533 元，同比增长 9.34%。建设乡村振兴或美丽乡村建设示范点 2600 个。

(5)综合区位优势日渐显现

进入"十四五"时期，广昌紧紧抓住鄱阳湖生态经济区建设和海西经济区建设这个大好历史机遇，以"抓项目促发展、培产业强经济"为主线，着力推进新型工业化、新型城镇化、农业现代化、绿色生态化，促进经济社会持续健康快速协调发展，把广昌打造成"承接发达地区产业转移基地，特色农产品加工销售基地，环境优美的山水生态宜居城市"，建设成镶嵌在赣东南大地上的一颗璀璨的"明珠"。

"十四五"时期，广昌将会以大项目带动大投资、以大投资培育大产业、以大产业推动大发展。大力发展主导性产业，加快促进"食品、纺织服装"两大产业发展壮大，建设好食品、纺织服装产业园，打造配套较为齐全的产业链。继续发展壮大特色农业，优化农业产业布局，推进农业产业化经营，建立健全农业支持服务体系，加强农业标准化体系建设，加快农业信息化体系建设，完善劳务输出体系，引导农村剩余劳动力向二、三产业转移。随着鄱阳湖生态经济区上升为国家战略，以及国务院加快推进海西经济区意见的提出，广昌县区位优势日益明显((彩)图 1-1)。

2. 编制白莲产业规划背景

"十四五"及其以后一个时期，我国社会经济发展仍然处于长期向好的基本态势不会改变，国家整体社会经济形势有利于地方及县级经济加快发展，而且《中央苏区振兴规划纲要》《关于促进赣南苏区发展振兴的若干意见》两项报告已获中央领导的批示。同时，也要清醒地看到，世界经济格局的深度调整，投资和贸易保护主义进一步抬头，发达地区结构调整和产业升级步伐明显加快，在新一轮经济增长中占据了有利的地位。周边省、市地方经济发展势头的强劲，使江西省面临着前所未有的竞争压力，广昌全县上下还必须增强

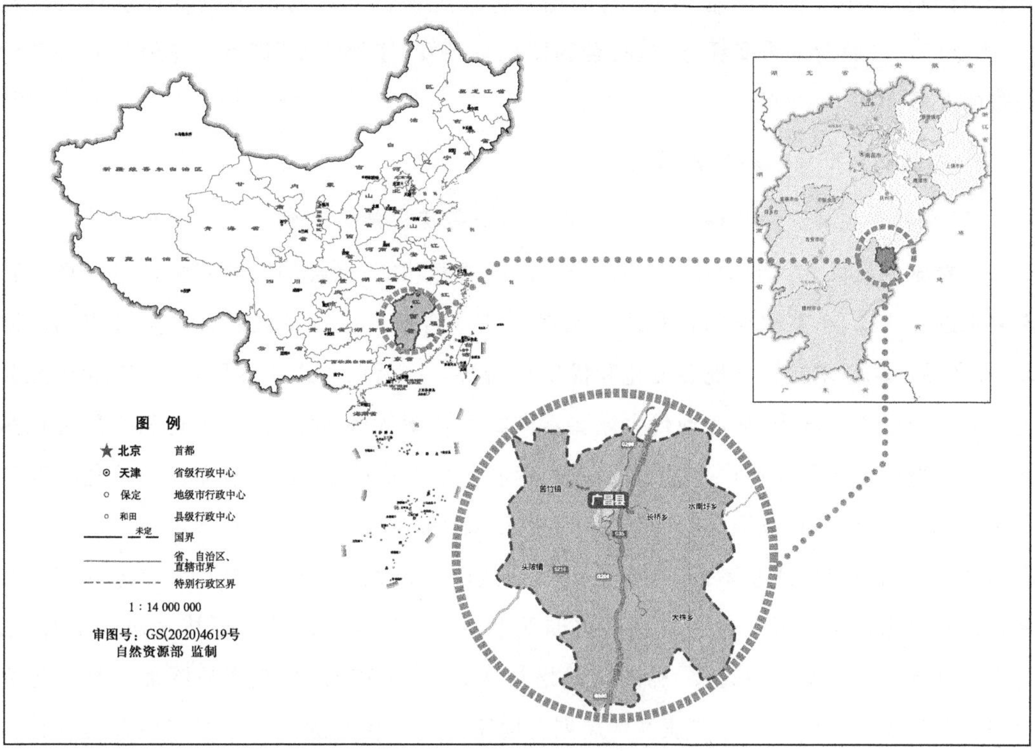

图 1-1　广昌县交通区位分析

忧患意识。但总体上来说，“十四五”时期，还是机遇大于挑战，广昌白莲产业作为全县战略性新兴产业将迈入科学发展，创意加速发展的新阶段。

“后国际金融危机时期”，粗放型增长模式将难以为继，产业结构调整迫在眉睫。广昌工业化、城镇化水平相对比较低，发展空间较大。广昌县有深厚的白莲特色优势产业基础，对贫困群众增收的带动效益明显，贫困群众参与程度高。“十四五”期间是广昌工业化、城镇化深入发展及推动现代白莲产业体系的加速期，这种加速推进将成为广昌白莲产业提速协调发展的主导力量。不失时机地加快发展富有特色的广昌白莲战略性新兴现代产业，锲而不舍地在“特色、规模、品牌、效益”4 个方向上突出推进广昌白莲产业发展，必将成为广昌产业结构调整的主攻方向。

广昌既有白莲产地资源丰富、环境容量较大和生产要素成本较低的优势，又有原产地莲文化沉积的悠久传统积淀优势，还有突出的科技人才优势。各种优势叠加将进一步凸显广昌白莲产业综合优势，而且这些已进入正处于积蓄能量的释放期，爬坡过坎的发力期和潜在优势的转化期。“十四五”期间将是广昌白莲大有作为实现跨越发展的重要战略机遇和发展黄金期。加快制订广昌白莲中长期战略性发展规划，构建有利于白莲新兴产业发展的体制、机制与现代产业体系，为广昌白莲产业协调发展与能力提升提供强大的动力，既是广昌县政府的重要任务，也符合国家扶贫开发“连片开发”试点工作所倡导的产业扶贫的发展方向。

3. 编制白莲产业规划重要意义

(1)有利于挖掘广昌县特色资源潜力，构建白莲现代产业体系

随着城乡居民收入的增长，人们对农产品的营养功能、保健功能和安全性等个性化特殊需求逐步增加，丰富多样的特色农产品备受市场青睐。农业发展已进入买方市场新阶段，农产品市场需求结构呈现多元化和优质化趋势。广昌白莲产业发展规划，有利于充分挖掘区域特色资源潜力，加速现代生产要素向特色资源优势区定向聚集，有利于用现代高新技术改造传统特色农业，尽快形成广昌白莲特色农产品生产能力，增加优质特色白莲产品供给，满足农产品日益细化的市场需求，提高人们的生活质量。近年来，广昌县委、县政府已经着手构建白莲产业体系，在全县的发展战略中做大、做强、做优广昌白莲国家级名片。进而提出建设全国最大的省级科技创新平台——江西省白莲工程技术研究中心，以此为支点开展白莲新品种选育、标准化栽培技术、生物工程技术、莲产品深加工技术等方面的研发与创新。广昌白莲产业发展规划有助于广昌特色资源潜力挖掘与白莲的现代产业体系构建。

(2)有利于广昌县农业结构战略调整，转变白莲生产方式

广昌白莲生产种植的区域化、专业化生产格局基本形成，但产业比较优势未能充分发挥。白莲产业还以传统的白莲产品产出方式为主，由于产后的剥皮、去壳和通心等初级加工仍然以家庭手工劳作为主，生产规模小，产后服务落后，生产能力和产品品质不稳定，市场竞争优势不显著。编制白莲产业发展规划，促进以传统手工劳作的白莲产品生产方式向专业化、机械化与产业化生产方式转变，加快培育白莲优势名优品牌产品，充分发挥本地区白莲特色资源优势，是促进广昌县农业结构战略性调整与白莲产业现代生产方式形成的重要举措，对加快形成科学合理的现代白莲产业生产方式意义重大。

(3)有利于区域主导产业培育，促进广昌县白莲产业振兴

广昌白莲特色产品规模化和集约化开发程度不高，多处于原料型和初加工型生产阶段，主要以子莲产品形式进入市场，限制产业效益提高与莲农收入增加。编制白莲产业发展规划，突出白莲在广昌的主导产业地位，发展规模化和集约化的白莲特色系列产品，有利于吸引相关企业进入，拓展产业链，带动加工、储藏、运输、营销等关联产业发展，通过“一县一业”的产业发展方式，加快培育区域主导产业，提升广昌白莲特色农产品品质和市

场竞争空间，挖掘白莲产业和相关产业的内部增收潜力，形成农民收入新的增长点，实现产业开发、脱贫致富，促进全县白莲产业振兴。

(4)有利于提高白莲产业竞争力，打造中国白莲中心与世界莲都

白莲等特色农产品是市场化、国际化水平都比较高的高价值农产品，相对于大宗农产品而言，白莲等特色农产品更多是满足人们生活水准提高后的农产品市场的多样化需求，也是我国参与国际竞争的重要劳动密集型产品。“广昌白莲”已成为业界内的全国知名品牌，通过编制白莲产业发展规划，抓住我国农业转型时期的发展机遇，加快广昌白莲特色农产品优势核心区生产基地建设，做强、做大广昌白莲特色品牌系列产品，将白莲特色资源优势转化为现实的产业竞争优势，对于扩大广昌白莲特色品牌影响，实现白莲产业全面升级和打造中国白莲中心与世界莲都将具有重要意义。

第二节 白莲产业发展历程与现状

莲，又名荷花，睡莲科、莲属，是被子植物中起源最早的种属之一。

广昌白莲生产历史悠久，从文字记载来看，已有1300多年。据明正德《建昌府志》和清同治《广昌县志》记载：“白莲池在县西南五十里①，唐仪凤年间(公元676—679年)，居人曾延种红莲，其中数载变为白，于白莲中得金范观音像，后一年，白莲又变为碧”。

明清时期，广昌县白莲种植已甚为普遍，县志中有“满县花枝放呈祥”的诗句。

1. 广昌县白莲产业发展历程

(1)广昌县白莲传统加工技艺发展起源

在漫长的历史发展过程中，广昌白莲基本上是处于小农生产、手工劳作、自给自足的状态。但正是在这种历史延续中，形成了传统的广昌白莲加工工艺。广昌白莲传统加工工艺既是广昌白莲一个重要的特征标志，也是广昌引以为豪的传家之宝。迄今，有关广昌白莲生产加工技艺发展起源的两个美丽传说还在广昌口口相传。

其一：在广昌赤水一带每年农历六月二十四日举办“莲神太子庙会”祭奠“莲神七太子”。相传“隋唐年间，适逢强梁为害”“7个孩童腾云驾雾向村民飞来，原来他们是7位护莲神童，奉王母娘娘之命，前来救助村民。他们打败强梁，帮助村民重建家园，村民从此安居乐业，为表感恩之情，把农历六月二十四日作为莲花生日，俗称莲花节，又把除暴安良的7位神童称为‘莲神七太子’”。“七太子”中有“身背莲花篓”“手持莲花棒”的雕塑神像，这

① 1里＝500 m，下同。

可能是广昌白莲最早的采收和加工雏形。这个传说似乎证明，隋唐年间，聪慧的广昌先民便已发明了白莲通芯加工技艺。

其二：莲子种皮有涩味，莲子绿芯有苦味。一位贤惠的巧媳妇叫巧莲，为治好患病的婆婆，发明了去除莲子种皮和莲芯的通芯白莲加工技术，因而受到当世人们的赞扬，并被广传下来。该传说无文字记载，具体年份不可考，应早于"莲神七太子"传说。

白莲传统加工技艺自隋唐起源，经后人的传承与发展，逐步形成了具有浓郁地方特色的传统民间技艺。广昌白莲传统加工需要经过莲子采收、脱粒、脱壳、去皮、漂洗、通芯、烘烤等10余道工序，主要加工器具和设施：竹箩、莲刀、顶芯签、莲圈、莲筛，加工出来的通芯白莲颗粒圆润饱满、色泽微黄，芳香浓郁，品位独特，这是广昌白莲区别于其他白莲产区（如湘红莲）的主要地方。

(2)新中国广昌县白莲发展阶段特点

新中国成立后，党和政府十分重视广昌白莲这一特色产品的生产，广昌白莲得到了很大的发展，广昌白莲的品种资源及传统加工工艺得以保存和传承。至20世纪80年代初，广昌白莲传统加工技艺主要由有经验的莲农言传身教，代代相传。1984年广昌县成立了我国最早的白莲科研机构——广昌县白莲科学研究所，对广昌白莲的加工工艺、产品特性与区域特色等资源进行调查、挖掘与整理，并在2004年以"广昌白莲"为名组织申报了广昌白莲国家原产地产品保护（现改名为地理标志产品），同时提出、制定了《广昌白莲》国家标准并获颁布实施，将这一地方传统特色农产品的品牌形象发扬光大。

广昌白莲的快速发展始于20世纪80年代初的改革开放。改革开放以后，广昌县从实际出发，大力调整农业内部结构，缩减粮食种植面积，扩大白莲种植面积，把发展白莲生产作为引导农民脱贫致富、振兴县域经济的希望之路。白莲生产无论在科研、种植、主副产品加工及综合利用、商贸等各个领域都有着长足的发展。随着商品经济的发展和产业结构的调整，白莲种植面积逐年扩大。

20世纪90年代后期是广昌白莲产业最好的发展时期。20世纪90年代广昌白莲种植面积稳定上升，种植布局从分散走向集中，并从小块走向连片，基本形成了8万亩（占全县耕地面积40%）的种植格局，成为全国最大的通芯白莲生产基地。1992年，在当时国家计划委员会①及有关部门的扶持下，广昌建成了全国第一家白莲专业批发市场。中共广昌县第一任县委书记杨成武将军亲笔为市场命名题字。白莲批发市场的建设对促进白莲贸易、活跃莲乡经济发挥了积极作用。

---

① 1952年11月，成立国家计划委员会，1998年更名为国家发展计划委员会，又于2003年将原国务院经济体制改革办公室和国家经济贸易委员会部分职能并入，改组为中华人民共和国国家发展和改革委员会。

但进入20世纪90年代中后期，由于白莲腐败病发病逐年严重，加之进入新世纪后，政府对烟叶与水稻扶持力度加大，而农村劳动力不足，以及市场价格低迷等因素影响，广昌白莲种植面积一度下滑到5万亩左右。近年来，随着抗腐败病白莲良种“太空莲”的普及推广，以及全国白莲市场回暖，广昌白莲生产逐步回升。自2007年起，以创建全国绿色食品标准化原料(广昌白莲)生产基地为契机，广昌白莲绿色标准化生产在全县推行，进一步提高了广昌白莲生产技术水平。自2008年开始，广昌陆续成立了白莲生产专业合作经济组织45个，有社员近4000人，年种植白莲达2万余亩，白莲总产量180万kg，产值达9000万元，合作社通过及时掌握市场信息，及时组织生产，有效提高了白莲生产效益。2010年全县白莲种植面积恢复到8万亩水平；太空莲36号成为广昌白莲生产的当家品种，覆盖全县70%以上白莲种植面积。

纵观近几十年的发展历程，广昌白莲产业化的内涵可以概括为3个层次：一是莲的种植业生产，二是莲产品的加工开发，三是莲文化及观赏价值的发掘利用，而且3个层次呈现梯次发展的格局。

2. 广昌县白莲产业发展现状

(1)稳定种植基地规模，白莲生产连创新高

广昌白莲种植面积基本稳定在8万亩，县域白莲种植面积全国第一。白莲生产基地基础设施与发展环境得到明显提升与改善，8万亩白莲标准化生产基地通过了国家绿色食品发展中心认证。白莲品种全面实现更新换代和产业升级，太空莲推广面积基本全覆盖了全县白莲种植区((彩)图1-2)。广昌白莲亩产量达到80 kg以上，居全国先进水平；全县年总产量在600万kg以上。

(2)强化白莲科技支撑，白莲品质全面提高

广昌加大科技投入，解决白莲生产中的热点、难点问题，开展了白莲脱毒组培快繁技术攻关，解决试管耦工厂化育苗关键技术；还开展了白莲腐败病综合防治技术与白莲机械化加工技术研究，科技对白莲生产的贡献率达到60%左右；同时研究制定了广昌白莲国家标准，建立健全农产品质量安全保障体系；并组织实施了国家级示范区广昌白莲标准化示范区建设、全国绿色食品标准化基地建设等项目，大力推进白莲标准化生产与白莲绿色食品、有机食品发展步伐。广昌白莲品质全面提升，市场竞争力明显增强，2008年广昌白莲获得“中国名牌农产品”称号。

(3)发展白莲精深加工，产品附加值不断增加

历史上，干白莲子几乎是广昌白莲的唯一加工、储藏产品形态。20世纪80年代后期，有人开始尝试加工莲苓面、莲子罐头，20世纪90年代初开始加工莲藕粉、莲芯茶、莲子汁

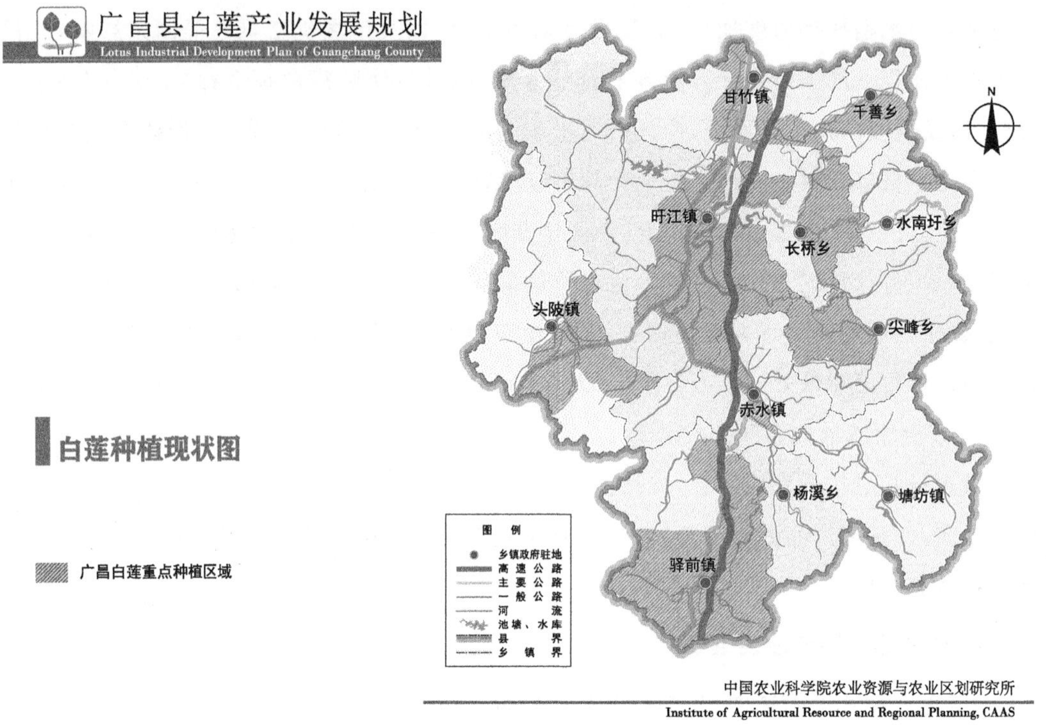

图 1-2　广昌县白莲种植现状

等。经多年发展，广昌县白莲产品加工开发初具规模。随着广昌白莲生产的发展，县委、县政府对白莲加工企业的政策扶持，广昌白莲加工企业加快成长，广昌白莲加工开始进入发展快车道，2011 年龙头企业主要有香港成启食品广昌白莲深加工企业、广昌莲香食品有限公司、广昌县莲妹子食品有限公司及广昌县菜单王食品贸易有限公司等。

“十一五”开始，广昌加强对白莲加工企业的扶持，通过多种形式引进和培育了一批白莲加工企业，开发出多种白莲加工新产品，全县白莲加工水平有较大提高，白莲加工业也有了较大发展。2011 年广昌县有白莲系列产品开发企业 40 余家，其中国家级农业产业化龙头企业 1 家，市级农业产业化龙头企业 1 家；2010 年新增市级农业产业化龙头企业 5 家。产品包括广昌通芯白莲、速冻鲜莲、莲藕粉、荷叶茶、莲芯茶、莲蓉食品等，年加工产值超过 1 亿元。莲副产品综合利用方面，利用莲壳、莲蓬、莲杆作为袋料生产茶树菇、香菇、凤尾菇等食用菌，年生产规模达 2000 万袋，产值为 8000 万元；利用荷叶提取药品成分、加工减肥茶叶，以及荷叶用作食品包装材料也达到一定规模。2020 年广昌县有白莲系列产品开发企业 20 家，其中省级产业化龙头企业 5 家，市级产业化龙头企业 3 家，年加工产值为 9 亿元；莲副产品综合利用产值为 1 亿元。

(4)培育白莲旅游文化,多功能优势日益突显

21世纪初以来,在子莲的产量和质量发展到一定高度的情况下,广昌大力挖掘白莲的多功能潜在价值,丰富白莲产业内容,改变"白莲产业就是子莲产业"的发展局面,促进白莲产业全面发展。"十一五"开始,广昌主打"广昌白莲"特色牌,突出发展以莲花为主题的旅游业。打造了驿前镇莲花古镇与姚西莲花第一村、广昌县莲花科技博览园等莲花旅游亮点,使白莲产业的多功能价值得以不断开发利用。特别是2006年起每年举办的中国广昌国际莲花节,已成为广昌向外展示白莲魅力的重要窗口。丰富多彩的活动有效提升了广昌的人气和商机,不仅对广昌的莲花旅游业起到很大的宣传推介作用,而且拉动了广昌全县的"红、绿、古"三色旅游,开拓了广昌白莲文化创意产业发展的新领域。

(5)完善品牌体系建设,"世界莲都"地位逐渐巩固

2000年以来,广昌日益重视和加强社会化服务体系与广昌白莲品牌建设,逐步奠定"中国白莲中心"与"世界莲都"基础。一方面积极组织相关品牌、标志、基地申报和创建工作。2004年"广昌白莲"获原产地域产品保护;2005年,申报注册了"广昌白莲"通用商标;2005—2006年制定并经国家质量检验检疫总局颁布实施了《广昌白莲》国家标准;自2007年起,创建了全国绿色食品原料(广昌白莲)标准化生产基地,经农业部全国绿色食品中心批准,广昌成为全国第一个绿色食品(白莲)标准化原料基地县,广昌白莲绿色食品标准化生产列入2009年江西省十大战略性新兴产业发展规划;广昌白莲协会生产的"广昌白莲"获2008年度中国名牌农产品称号。同时组织有关企业申报使用绿色食品标志等,广昌白莲的品牌优势得到进一步加强。另一方面,"十一五"期间,广昌县就专门成立了白莲产业发展局,全面负责白莲生产管理与社会化服务的组织与活动开展,进一步拓展和完善了白莲产业技术推广服务体系。基层协会逐步完善,莲农协会组织快速发展,多种经济成分、多种组织形式的专业合作方式,使全县莲农、白莲产业的组织化程度与参与市场的一体化程度大幅度提升。2008年依托广昌县白莲产业局筹建的中国莲业网,定位于全国白莲行业门户网站,成为白莲产业电子信息发布平台及广昌白莲产业升级的信息基础支撑,对于扩大广昌白莲的影响起到了积极的促进作用。

第三节　白莲产业发展成效与经验

广昌白莲产业历经多年发展,取得了显著成就。其一,广昌白莲成为我国著名的农产品品牌,是江西省首批20个优先发展的优势名牌农产品品牌之一,也是国内首个获国家级名牌农产品称号的子莲产品。其二,广昌县成为我国最大的通芯白莲生产出口基地,是

国家级绿色食品(广昌白莲)标准化生产基地,全国绿色农业(白莲)标准化生产示范县。其三,广昌县成为我国最大的通芯白莲集散地和价格形成中心,通芯白莲年销售量占全国年产量的一半以上。由于广昌通芯白莲的显著优点,广昌通芯白莲一直畅销海内外。2000 年以来,广昌白莲产业在各个领域都有着长足的发展,白莲产业已成为广昌县的支柱产业。全县白莲种植面积基本稳定在 8 万亩,白莲产业综合产值近 4 亿元,超过粮食产业。概括广昌白莲产业发展经验,主要表现在以下几个方面。

1. 加强白莲科技组织建设

广昌县早在 20 世纪 80 年代改革开放之初就成立了全国第一家白莲科研机构——广昌县白莲科学研究所。进入 21 世纪以后,为了适应白莲产业发展新的形势需要,广昌县又新建了莲花科技博览园,占地面积将近 150 亩,工程总投资 1500 万元,是全国最大、设施最先进的子莲科研专门展示机构。园区集子莲科研实验、良种繁育、科普培训、莲文化展示、休闲观光等多种功能于一身,按功能划分为办公管理、莲种资源、科研实验、温室、中外莲博览、良种繁育、睡莲、王莲种植 8 个功能区。截至 2011 年,共引进种植子莲、花莲品种 308 个。

2. 强化白莲品种创新研究

20 世纪 80 年代开展常规育种,先后培育出赣莲 85-4、赣莲 85-5、赣莲 62 等新品种,比原有品种增产 20%~30%,其中"赣莲 62"获首届中国农业博览会金奖、第五届亚洲及太平洋国际贸易博览会金奖。20 世纪 90 年代,广昌县白莲科学研究所与中国科学院遗传与发育生物学研究所合作,将 442 粒白莲种子搭载返回式卫星,开展白莲航天诱变育种研究,成功选育出系列太空莲新品种。与常规品种相比,太空莲新品种表现出花多、蓬大、粒大、生育期长、产量高的特点,产量较"赣莲 62"增产 60%以上。特别是太空莲选育成功以来,白莲良种实现了全覆盖,亩产从 40 kg 提升到80 kg。2000 年,广昌县白莲科学研究所又与北京师范大学合作,开展离子注入法育种研究,选育出京广 1 号、京广 2 号等性状表现优良的白莲新品种,其产量、颗粒大小、营养成分等性状均超过太空莲品种。

3. 规范与优化白莲耕作制度

积极探索白莲标准化栽培和立体种养制度。广昌白莲生产技术在全国处于领先位置。莲稻套种、"白莲—泽泻"套种、配方平衡施肥、莲田养鱼、利用莲壳栽培食用菌等适用生产技术大面积推广应用。2007 年创建全国绿色食品广昌白莲标准化生产示范县以来,对基地实行"统一优良品种、统一生产操作规程、统一投入品供应和使用、统一田间管理、统一收获"的"五统一"生产管理制度,广昌白莲生产水平进一步提高。一系列白莲科研成果的推广应用,带动广昌白莲产业走上了快速发展道路。此外,广昌县白莲科学研究所与江西农业大学合作，先后开展发病机理、病原菌及其药剂开发和农业综合防治等多项研究，成功找到白莲腐败病防治的有效药剂，项目成果获江西省科技进步三等奖、江西省农科教突出贡献三等奖。

4. 注重历史文化价值挖掘

广昌白莲种植历史悠久。广昌县委、县政府对挖掘白莲的历史文化价值十分重视。多年来，积极组织申报“中国白莲之乡”称号、江西省名牌产品称号、“广昌白莲”通用商标、“广昌白莲”原产地保护，2004年广昌白莲被批准为国家地理标志保护产品；结合莲神太子庙会举办国际莲花节；结合驿前莲花古镇风情开展莲花旅游等。广昌白莲历史文化价值的挖掘利用，开辟了广昌白莲产业化发展的新领域，极大丰富了广昌白莲产业化的内涵。2006年颁布实施国家标准《广昌白莲》。

5. 重视现代产业体系建设

积极构建白莲产、加、销完整产业链条。比如，2003年在驿前镇建立万亩白莲无公害生产示范基地；招商引资，打造2000亩以白莲产品加工为主的食品产业园；建设白莲商贸专业市场等。积极推行白莲标准化生产技术。比如，2003年制定并颁布实施了广昌白莲地方标准；2006年制定并颁布实施了《地理标志产品　广昌白莲》国家标准；以广昌白莲标准的制定和颁布实施为依托，大力实施白莲无公害生产、绿色食品标准化生产。进一步以白莲产业发展为核心，构建规范化管理体系。2006年成立广昌县白莲产业发展局，统筹规划、协调管理白莲产业发展；引导组建农民专业生产合作社、专业协会商会。2007年创建全国唯一绿色食品原料（广昌白莲）标准化生产基地。近年来，广昌县白莲种植面积达10万余亩，总产量为8500 t，白莲综合产值达10亿元以上。建立完善的生产管理体系，如标准化管理体系，以及“统一优良品种、统一生产操作规程、统一投入品供应和使用、统一田间管理、统一收获”的“五统一”生产管理制度等。

第四节　广昌县白莲产业发展存在的问题

1. 优化高产栽培技术有待突破

第一，白莲腐败病仍然危害白莲生产的稳定发展。白莲连作时间长，白莲腐败病发病严重。白莲腐败病是广昌白莲的主要病害，年发病率达30%左右，发病面积达2万亩以上，严重影响了白莲生产的发展。由于缺乏理想的药剂防治办法，致使很多田块不能种莲，农民想种而不敢种。特别是甘竹、盱江、长桥等冬季缺水的莲田更易发病，影响农民种莲积极性。第二，白莲品种结构单一。广昌白莲的生产主要是以子莲为主，很少或基本上没有藕莲、花莲。从产业经济效益和产业综合发展看，莲的其他方面生产和商品价值开发还不是很充分。第三，无公害、绿色、有机白莲生产指导有待加强。无公害、绿色、有机白莲生产技术性很强，而且事关"广昌白莲""绿色广昌白莲"的形象问题，不能局限于一般的号召和面上指导，要有一支专业化的技术管理指导队伍，从田间施肥、用药，到采收、加工实行全程跟踪管理指导，既可以保证产品质量，也可以降低生产成本，提高白莲生产的经济效益和生态效益。

2. 科技支撑能力有待提高

其一，迫切需要白莲工厂化育苗技术研发。采用脱毒组培快繁技术进行苗木工厂化生产，是种苗生产的潮流和趋势。广昌虽然建有白莲良种示范基地，但莲的脱毒及组培技术相对滞后，迫切需要进行持续性的技术攻关，形成具有自主知识产权的工厂化育苗技术，实现脱毒苗的自给。其二，依靠科技解决加工机械化与传统工艺传承的矛盾突出。一方面，为了提高白莲加工效率，应加快实现白莲加工的机械化，特别是通芯、去皮工序的机械化；另一方面，手工通芯、去皮是白莲传统加工技艺的核心内容，作为非物质文化遗产，又确实需要加以保护和传承。如何依靠科技进步解决这个矛盾，是值得注意的一个问题。

3. 精深加工能力不足

广昌白莲产品加工初级产品多，以干白通芯莲子为主，有的只是进行简单的分选、包装；精深加工产品少，产品档次低，技术含量低，缺乏特色竞争力，产品在市场上总体竞争能力弱。对白莲产品的深度开发和白莲副产品综合利用开发不够，产业链短，结构单一，产品附加值低，影响产业整体效益的提高。

4. 白莲市场交易体系建设滞后

第一，缺乏市场集中交易平台。近年来，广昌白莲交易主体总的变化趋势是从业人员减少，大户经营规模扩大，并有莲峰、菜单王、迈的乐等白莲产品注册商标。莲峰牌白莲还被评为江西名牌农产品，迈的乐被评为江西省著名商标，菜单王通过了食品"生产许可"(Qiyeshipin Shengchanxuke，QS)认证，莲香、莲峰两家企业获得自营出口权。整个白莲流通领域做大整合的趋势明显。但值得注意的是，就广昌白莲整体来说，缺乏一个集中交易的平台。20 世纪 90 年代初建成的白莲市场，场内交易呈萎缩趋势，大部分商家是在场外进行交易。在当前形势下，迫切需要创办一个实体市场与虚拟市场相结合、市场条件和交易机制具有凝聚效应，并且能够代表广昌白莲地位的集中交易平台，以协助增强营销企业、商户的品牌意识，树立广昌白莲整体品牌形象，也有助于小企业、小商户解决营销方式和手段落后、市场开拓能力弱的问题。

第二，疏于白莲市场管理。广昌白莲销售是以个体及私营企业为主，从业人员素质参差不齐，部分经营户以次充优，掺杂使假，还有的将白莲用过氧化氢[①]漂洗或用硫黄[②]熏蒸，对广昌白莲声誉造成较大的负面影响。少数小商小贩砸了广昌白莲的大牌子，广昌白莲品牌形象受损严重，以致有些白莲销售商销售广昌白莲要用外地莲子的包装和标志。这需要引起政府的高度重视，并从市场制度建设、市场监管执行等方面采取切实有效的措施，加强白莲市场管理，打击市场不法行为，维护广昌白莲品牌。

5. 品牌集中度、知名度还不够

2011 年前广昌白莲产品的营销缺乏在全国具有影响力的知名企业品牌。县政府多方筹资注册了“广昌白莲”通用商标，2004 年 10 月 13 日申报“广昌白莲”地理标志产品保护成功，成功创建全国绿色食品原料标准化生产基地，但如何让这些通用商标品牌与地理标志品牌成为真正的市场知名品牌，仍然是需要政府进一步加大工作力度的问题。同时，如何扶持企业品牌、提升企业品牌知名度和集中度，也是值得政府高度重视的问题。

6. 缺乏引领产业发展的龙头企业

龙头企业应有的含义就是对产业发展具有较强的带动能力。广昌白莲产品加工企业虽然有几十家，但真正称得上龙头企业的数量不多。如全县有藕粉加工企业十几家，其中年生产能力在 100 t 以上的只有 2 家，其余仅有 30 t 左右的生产规模甚至更小。在全国叫得响的企业和品牌有限，因而带动能力弱，辐射面不广。龙头企业弱，严重影响整个白莲产业发展的效益和活力。另外，龙头企业与农民之间缺乏“利益共享、风险共担”的机制。2011 年前后广昌真正做订单农业、基地农业的白莲产业化龙头企业很少，龙头企业与农民之间没有形成比较稳定的互利共生联接关系，影响白莲产业整体协调发展。

---

① 过氧化氢是一种强氧化剂，起水溶液俗称双氧水。

② 硫黄是硫的通称。旧也作硫磺。

第二章　广昌县白莲产业发展机遇与挑战

广昌白莲产业是广昌农业产业的重要组成部分，白莲产业的多种功能性使其在乡村振兴中承载着多方面的作用。白莲产业担负着传承历史、开拓未来、发扬文化、建设文明、富民强县的使命，任重而道远。广昌白莲产业的发展，既面临诸多机遇，也面临诸多挑战。广昌白莲产业的发展前景和潜力，就在于抓住机遇，迎接挑战，通过战胜困难和挑战，使广昌白莲获取更广阔的发展空间。

第一节　白莲产业发展机遇

1. 白莲产业面临日益推崇健康食品的消费市场

白莲全身都是宝。无论是莲子、荷叶还是莲藕均有丰富的营养价值与独特的功用价值。白莲产品的开发具有广阔的市场前景。

(1)白莲及其莲汁等加工品市场空间广阔

莲子蛋白质含量为20%～22%，其中包含人体自身不能合成的8种必需氨基酸。莲子味甘涩、性平和，有清新养神、补脾益肾和止血的作用，《本草纲目》称其可“交心肾、厚肠胃、固精气、强筋骨、补虚损、利耳目、除寒湿”。现代药理检测分析，莲子中含有多种生物碱和类黄酮等功能物质，可以提取多种现代药用成分。从保护和发挥莲子营养价值、方便消费、扩大消费角度看，莲产品开发在两个方面具有良好的市场前景。

一是速冻鲜莲出口潜力巨大。速冻鲜莲是一种高档食品，一经开发便受到消费者的喜爱，2009年在广东销量达200 t以上。我国干莲子的出口量近年来逐年增加，而速冻莲子的出口还是一个空白，因此出口潜力巨大。香港、台湾、东南亚等素来对莲子情有独钟。广昌通芯白莲又是莲子中的上品，其所占的市场份额必然要比其他莲子大。据预测，短期内市场需求量可达5000 t以上。

二是鲜莲汁将会大受消费者欢迎。2008年，我国人均饮料年消费约22.4 kg，仅为世界人平均饮料年消费量50 kg的45%。我国饮料三大品种：瓶(罐)装水、碳酸饮料和果蔬汁饮料以81.6%的产量主导饮料业。其中，果蔬汁饮料市场份额为17.2%，人均年消费

3.85 kg，约是世界平均水平的50％。2000年以来，茶饮料、果蔬汁饮料、含乳饮料以及植物蛋白饮料等健康型饮料虽增长比较迅速，但仍属于起步阶段。今后消费者在休闲、营养、健康等方面需求强烈的饮料产品是以我国优势农产品资源为原料的果蔬汁饮料产品，特别是具有我国特色的果蔬汁饮料，在国内外市场上拓展空间大，需求迫切。以速冻鲜莲为原料生产的鲜莲系列产品（饮料、罐头），正是一种具有我国特色的营养健康型果蔬饮料。这种饮料非常符合现代人追求健康美容、自然新鲜的潮流。特别需要强调的是，这种饮料（罐头）不需要宣传，其营养保健作用深得人心，家喻户晓。这种产品的生命力强，生命周期长，将会经久不衰。所以其在国内外的市场竞争能力将会不断加强，鲜莲汁将会像椰汁一样，风行全国。各种即食鲜莲汤将会在酒宴上常见，并且还是送礼佳品。特别是具有美容作用的百合鲜莲、木瓜鲜莲将会深受广大女性消费者的喜爱。枸杞鲜莲可治高血压，薏米莲子汤具有抗癌作用，这些有特定疗效和特定保健作用的饮品，迎合了现代人喜爱个性化、差异化需求，市场份额必将不断扩大。

(2)荷叶中提取原花青素等制作的新型功能性饮料日益受追捧

荷叶，既可做包装食品的材料，又有很高的药用价值。原花青素（oligomeric proantho cyanidins，OPC）是一种有特殊分子结构的生物类黄酮，是国际上公认的清除人体内自由基最有效的天然抗氧化剂。欧洲人称花青素为青春营养品、皮肤维生素、口服化妆品。花青素是至今发现的、最好的心脏保护剂。法国人通常吃高脂肪食物远多于美国人，但法国人死于心脏病的比例比美国人少很多。法国饮君子患冠心病的人数也比不沾酒的人群低30％～40％，这是因为法国红葡萄酒中含有花青素。莲原花青素是纯度最高、含量最多的原花青素。普通原花青素产品大多是从葡萄籽、蓝莓、松树皮中提取，原花青素纯度最高仅能达到90％，低聚体含量最高仅能达到50％；而从荷叶中提取的原花青素纯度高达98％以上，低聚体含量达80％。高纯度的莲原花青素能够分解血液中的自由基、血锈、全面排除体内毒素，而普通原花青素产品的纯度无法达到全身排毒的效果。

据调查，开发荷叶原花青素饮料茶的市场前景良好。2011年，碳酸饮料正在受到不断推陈出新的健康饮品的冲击。茶饮料正是健康饮品的代表，已经迅速崛起成为饮用水之外消费者购买最多的饮料。茶饮料市场规模正以每年30％左右的速度增长。有业内人士认为，走过了碳酸茶饮料、茶味饮料、混合型茶饮料分别领衔的发展阶段，保健型茶饮料和纯茶型饮料将成为市场主角。日本有200多种茶饮料，全年消费达360万t。在日本和我国台湾，茶饮料都已超过碳酸饮料成为市场第一大饮料品种。2000年以来，中国大陆茶饮料市场发展速度超过300％，成为仅次于碳酸饮料、水、乳饮料的第四大饮品。荷叶原花青素饮料茶作为一种新型功能性饮料，具有抗氧化、清除自由基、增强免疫力、美容、降压、降脂、减肥等多重功效，其研制开发必将受到市场的欢迎与广大消费者的追捧。

(3)传统滋养品莲藕粉用途也十分广泛

藕粉营养丰富，富含淀粉、蛋白质、碳水化合物、多种维生素、矿物质。藕粉具有消瘀清热、除烦解渴、止血健胃、补心生血、清热润肺的功效。藕粉是久负盛誉的传统滋养食品，不仅营养价值高、药疗作用好，而且制成方便食品后食用简易，且味道鲜美，老少皆宜。莲藕粉还在中菜及日本料理中作为稠化剂广泛使用。开发莲藕粉，市场前景广阔。

(4)全国白莲消费空间也尚有待新莲产品的拓展与挖潜

广昌作为白莲中心产区，曾经是全国白莲集散中心，影响力辐射周边各产莲县，素有“莲不过广昌不香”之说。20 世纪 90 年代建成的全国第一家白莲专业市场，营业面积达 2.3 万 m^2；当年广昌全县有近千户个体农户活跃在白莲营销领域，其中年销售白莲 5 万 kg 以上的大户有三四十户，销售白莲占全县总产量的 80%。

2000 年以来，虽然受市场影响，广昌白莲流通出现价格疲软、比较效益下降等问题。但这种价格疲软，并非供求关系趋向绝对饱和的直接体现。全国子莲种植面积不过 120 万亩，白莲面积更是只有 40 万亩左右，总产量按 80 kg/亩计，不过 3.2 万 t，全国人均占有量只有 0.2 kg。因此可以认为，这种市场饱和主要是由白莲产品的单一而造成的。一旦开发出新的产品，则销售可能有大的改观。如驿前莲峰速冻鲜莲厂生产的速冻鲜莲，因其新的产品形态，鲜莲产品在市场上一炮而红，大大提升了白莲价值和效益。开发适应市场、引导市场的新产品是白莲产业走出困境的必由之路。

另外，从当前国内的市场情况来看，藕莲产值每亩可达 5000 元左右，花莲可用切花、鲜花，观光开发，产值相当可观，如广东三水荷花世界引进种植香水莲(花莲)，进行莲花茶饮料的开发，每朵莲花价值达 10 元以上，是子莲效益的 10～20 倍或者以上。因此，广昌在发展子莲生产、开发子莲产品的同时，应适当发展藕莲、花莲产业。

2. 广昌县主导产业规划与政策环境有利白莲产业发展

(1)广昌县“十二五”规划的三大产业都围绕白莲展开

广昌县“十二五”规划提出：要紧紧抓住鄱阳湖生态经济区建设和海西经济区建设这个大好历史机遇，把广昌打造成“承接发达地区产业转移基地，特色农产品加工销售基地，环境优美的山水生态宜居城市”。特别是广昌县“十二五”规划在工业、农业、旅游业三大产业中，都强调了发展白莲产业。特别提出把食品工业作为广昌重点发展的两大工业产业(食品和纺织服装)之一，规划建设 2000 亩规模的食品产业园。要充分发挥广昌特产白莲的种植优势，做大做强白莲等特色优势产业；完善农产品流通体系建设，进一步健全白莲专业批发市场功能。大力发展旅游业,依托莲文化资源、红色资源、绿色生态资源优势,重点打造观光休闲度假旅游,加快"点、块、线"景区建设,提高旅游收入。

(2)广昌县"十二五"规划的4个建设领域都重点支持白莲产业

工业发展项目:做大、做强白莲及副产品深加工。农业发展项目:白莲地理性标志绿色产品、广昌白莲标准化基地建设等。旅游开发项目:驿前红色旅游经典景区开发及中国莲花"第一村"旅游开发、莲花科技博览园旅游功能基地等建设。科技创新项目:创建省级莲产品工程技术研究开发中心,开展航天搭载繁育白莲新品种,白莲脱毒组培快繁技术研究开发,白莲离子注入诱变育种,白莲绿色、有机食品栽培技术研究开发,白莲功能性和药用价值性产品研究开发,利用莲子壳等栽培茶树菇技术研发。

2011年3月18日,广昌县出台《关于培育食品产业的工作意见》。提出全力引导食品产业集聚配套,促进食品产业做大做强,使广昌发展成为江西省乃至全国有名的绿色食品生产基地。2011年8月9日,在中国共产党广昌县第十五次代表大会上的报告中,更是明确提出重点发展白莲和油茶两大农业主导产业。广昌县电力充足,是国家电气化县、国家生态能源建设试点县。通信便捷,拥有现代化技术先进的电信和邮政网络。这些也为白莲产业发展奠定了一定的基础。

3. 抚州市多省、市、县交汇的区域交通和市场的机遇

广昌地处抚州南大门,位于赣闽两省和多市县交界处,加上昌厦公路、昌济公路和鹰瑞高速公路穿越县境及鹰昌铁路动工,使广昌交通区位优势更加明显,对于广昌加强和闽珠经济圈及东部发达地区的联系,吸引投资和扩大开放提供了更为有利的条件。

4."中部崛起"与"苏区振兴"战略带给江西快速发展契机

2000年以来,随着国家"中部崛起"战略的实施,江西省经济发展迅速,并且发展势头强劲,直接或间接地带动了广昌经济的发展。2012年初《中央苏区振兴规划纲要》《关于促进赣南苏区发展振兴的若干意见》两项报告已获中央领导的批示,要求"给予赣南等原中央苏区特殊政策、特别支持"。这就预示着国家将不断加大对江西省等革命老区发展的支持力度,集中力量打好扶贫攻坚战,为全国革命老区脱贫致富,全面建成小康社会积累经验、提供示范。进而不断加大对农村基础设施建设的投入,建设全国爱国主义教育和革命传统教育基地,提升苏区精神和红色文化影响力,打造全国著名的红色旅游目的地,"苏区振兴"战略也为广昌农业特别是白莲产业发展提供了有利条件。

5."国定贫困县"各方关注与多部委给予的特殊机会

广昌作为国家级贫困县,有机会获得各级政府及有关方面的关注、关照和支持。特别是国家扶贫政策的支持。例如,2002 年广昌列入国家扶贫开发工作重点县。2010 年,广昌被确定为国家“县为单位、整合资金、整村推进、连片开发”试点县。国务院安排华润集团在广昌挂点扶贫,华润集团围绕广昌县的农业优势,特别是白莲产业优势,进行深入调查研究,形成了以开发广昌白莲产业为重点的产业扶贫开发工作思路。广昌白莲产业发展规划符合国家扶贫办新时期产业扶贫的宗旨,白莲产业发展壮大一定可以带动广昌县农民脱贫致富奔小康。

白莲产业近年逐步被国家多个部委列入业务支持范围。1997 年,新技术航天领域空间科学与应用列为“863”攻关项目,2001 年,科技部设立中泰政府科技合作项目“引进泰国野生莲跨业莲杂交育种”;2006 年,科技部科技富民示范县启动“航天白莲新品种选育、良种繁育体系建设”项目;2007 年,科技部设立农业科技成果转化项目“京广 1 号(白莲)区域试验示范”;2008 年,科技部启动星火计划项目“白莲标准化示范区建设”;2009 年,农业部、科技部、财政部将“水生蔬菜产业技术体系研究与示范”列入行业体系支持范围。这些预示“广昌白莲”争取项目资金渠道十分广阔。农业多功能开发与乡村振兴战略实施的推动。农业部等 11 部委发布《关于积极开发农业多种功能大力促进休闲农业发展的通知》(农加发〔2015〕5 号),旨在开发农业多种功能,大力促进休闲农业发展,着力推进农村一、二、三产业融合。2017 年 10 月 18 日,党的十九大报告首次提出乡村振兴战略。2017 年 12 月 29 日,中央农村工作会议首次提出走中国特色社会主义乡村振兴道路,让农业成为有奔头的产业,让农民成为有吸引力的职业,让农村成为安居乐业的美丽家园。白莲产业发展恰逢国家鼓励农业多功能开发与乡村振兴战略实施的大好时机,白莲产业振兴已经成为广昌农业产业振兴的排头兵。

第二节 白莲产业发展优势

1. 白莲种植历史悠久,生产基础深厚

广昌白莲种植历史十分悠久,种植规模全国最大,子莲单产全国最高,子莲总产全国最多。在悠久的白莲种植历史过程中,形成了独具特色的广昌白莲传统加工工艺,并获得国家地理标志产品及“中国通芯白莲之乡”“中国优质白莲之乡”称号。在几十年白莲产业化发展过程中,取得了一系列骄人的成绩。广昌是全国知名的白莲交易集散中心、全国最大的藕粉生产基地,广昌白莲是国内首个获国家级名牌农产品称号的子莲产品,广昌还是国家级绿色食品(广昌白莲)标准化生产基地、全国绿色农业(白莲)标准化生产示范县。在白莲产业化开发方面,初步形成通芯白莲、速冻鲜莲、莲藕粉、荷叶茶、莲芯茶、莲蓉六大门类产品系列 40 余个产品。莲子壳种植食用菌获得成功,为莲副产品综合利用开辟了新的领域。福建成启食品有限公司落户广昌,更使广昌白莲产业化发展如虎添翼。所有这些,都为广昌白莲产业未来发展奠定了明显的生产优势基础。

2. 白莲科研机构资历最老,子莲品种创新能力最强

广昌是我国最重要的子莲科研与创新中心,是我国最主要的子莲新品种研发与繁育基地。为强化科技对白莲产业发展的支撑作用,广昌县 1984 年就成立了全国最早的子莲科研机构——广昌县白莲科学研究所。进入 21 世纪以后,为了适应白莲产业发展新的形势需要,广昌县又新建了集多功能于一身的莲花科技博览园。广昌子莲新品种选育工作处于国内领先水平。在耕作制度改良、白莲病虫防治、技术推广应用、产业标准制定等方面取得的一系列研究成果,体现了广昌白莲综合科技创新能力,是广昌白莲产业发展坚实的科技保障基础。

3. 拥有首个白莲国家标准及其绿色食品原料基地

广昌县主持制定的国家标准《地理标志产品　广昌白莲》(GB/T 20356—2006)和地方标准《广昌白莲》(DB 36/T 429—2018),高水平建成的无公害白莲标准化示范基地(2 万亩),以及举全县之力开展的绿色食品标准化原料(广昌白莲)基地创建活动,成功实践总结出绿色食品广昌白莲标准化生产技术,在国内首先实现了子莲的绿色食品标准化生产。这些成果都将为广昌白莲产业的未来发展奠定良好的基础,并起到保驾护航作用。

4. 适宜的生态环境优势,唯一的白莲文化传承

广昌县地处中亚热带季风气候区,年平均气温为 18.1 ℃,年平均无霜期长达 273 d,具有冬短、冬暖、春早、秋迟、作物生育期长、积温高、热量资源丰富等特点,十分有利于白莲生长。而驿前莲花古镇与赤水镇的莲神太子庙会都会标明广昌独一无二的白莲文化民间继承,时时处处彰显着广昌白莲之乡的与众不同。《广昌县白莲产业发展规划》的编制实施,为产业振兴奠定了坚实的基础。通过规划的实施,广昌已经成为我国最大的白莲科研生产中心。广昌县依托特有的莲花资源发展休闲旅游,2016 年"中国莲花第一村"姚西莲海景区挑战"世界最大莲池"吉尼斯世界记录成功,全县年接待游客 80 万人以上,实现旅游收入上亿元。据统计,每年白莲采收季节该县有数千名农产品经纪人活跃在白莲运销流通领域,白莲日平均交易量达 4 万 kg,全县白莲商品率达 95%以上,是我国最大的白莲集散中心、价格形成中心和信息发布中心。该县拥有全国首家白莲专业市场,影响力辐射周边建宁、石城、宁都、宜黄、南丰等白莲产区,素有"莲不过广昌不香"之说,广昌白莲已成为全国叫得响的优质白莲农产品品牌。

第三节　白莲产业发展潜力

从整体上看，广昌白莲产业的发展在子莲生产、莲产品加工及莲文化(生态旅游)价值挖掘等方面都存在很大开发潜力。主要表现在以下 6 个方面。

1. 种植规模还有扩大空间

子莲种植是白莲产业发展的基础。在某种程度上也可以说，子莲种植规模决定了莲产业发展规模。广昌 2010 年子莲种植面积约 8 万亩，同全国其他县相比，白莲种植面积是最多的，但从广昌整个莲产业发展需要及广昌耕地条件看，子莲种植规模还有相当大的潜力，至少由 2010 年的 8 万亩扩大到 10 万～12 万亩不成问题。子莲种植规模的扩大可以通过稻改莲或莲稻轮作两条途径来实现。同时就区域经济与白莲产业经济一体化发展而言，广昌周边能够辐射带动适宜种植莲的农地面积还有更大的规模。规划实施以来，广昌县白莲种植面积达 10 万余亩，总产量达 8500 t。

2. 单产提高还有较大幅度

从长远看，提高子莲单位面积产量是最重要的、可持续挖掘的增产途径；近中期目标可设定为由 2011 年的亩产 80 kg 提高到 100～120 kg；提高单产的具体措施，既包括选育新的高产品种，也包括采取有效的栽培管理措施。

3. 产品品种开发有无穷的潜力

开发更多的适销对路产品还有更广阔的空间，品质增效潜力无限走精品路线，提升品质，优质优价。

4. 加工增值增效潜力最大

从产业增效角度看，加工增值无疑是最具潜力且最具活力的增效途径所在。包括莲的主、副产品系列产品开发及综合利用开发两方面的潜力。

5. 品牌提升活力最强

加强以产品品质和产品质量保障为基础的广昌白莲品牌建设，可以在不增加产量的情况下，提高白莲产业效益。广昌白莲产业发展在这方面还有较大提升潜力，应当作为一个主要领域，采取有效的综合配套措施，大力加强广昌白莲品牌建设，大幅度提升广昌白莲的品牌效益。

6. 白莲文化和生态旅游综合效益潜力最大

一是加强白莲旅游设施建设、生态环境建设，以及白莲旅游产品开发，提升品位；二是加强宣传推介，吸引游客；三是由景点开发、沿线开发向连片发展，提高白莲整体旅游效果，扩大白莲旅游服务容量。

第四节　白莲产业发展的制约因素

1. 区位优势不明显，基础设施落后

广昌地处内陆山区，从大的地理环境看，区位优势不明显；从县域内看，乡村道路建设还不能满足生产发展的需要。白莲种植需水量较大，2000 年以来，由于水资源日益缺乏，加之基层政府基础设施建设，特别是莲田水渠等建设投入几乎没有，适合种莲的田块不断减少，农民只能选择一些供水方便、供水充足的田块种植白莲；遇较严重春旱，部分乡村严重缺水，影响白莲生产和白莲种植面积的进一步扩大。

2. 地域间与品种间莲产品市场竞争日趋激烈

近年来，全国莲产区竞争日益激烈。包括白莲与红莲产区的竞争和不同白莲产区之间的竞争。例如，在武汉市场，广昌白莲以前也一直销往武汉，主要用于制作莲蓉，但 2000 年以来，湖北的红莲生产发展较快，且红莲是老熟后才采摘的，其营养成分更符合制作莲蓉的要求，因此，许多厂家已经弃用白莲，转而使用红莲。有商家反映，近年来广昌白莲在武汉的年销量下降了一半以上。

又如，广昌邻县建宁、石城，都是白莲的重要产区，在白莲市场上 3 县竞争激烈，商家经营相互渗透，抢占地盘，不少商家跨越地域收购产品。既有建宁商家来广昌收购最好的莲子，以“建莲”名义销售出去的（因“建莲”品牌市场美誉度较高），也有石城商家收购广昌的劣质莲子，再进行销售的。部分商家不是想着做好“广昌白莲”的牌子，而是贪图眼前利益，把优质的莲子卖给外县，甚至收购外县的劣质莲子销售，自己砸了自己的牌子。致使外地进入广昌的白莲不如广昌流到外县的白莲多，广昌作为全国白莲产品集散中心、价格形成中心、信息发布中心的地位受到严重威胁。

3. 白莲技术推广人才缺乏，科技成果转化推广滞后

技术成果推广方面。与白莲科研相比，白莲科技推广相对滞后。尤其乡（镇）一级缺乏白莲技术推广人才，白莲生产技术指导和推广基本空白。广昌县白莲产业发展局本身人员不足，每年除了有限几次的下乡培训，也无力为农户提供足够的技术服务。这种技术推广滞后的局面严重妨碍了白莲技术成果的转化应用和技术效益的发挥。

标准规范推广方面。2000 年以来，广昌主持制定了一系列有关白莲生产的技术标准和技术规范，这些成果如能推广应用到生产实践中去，本可以转化成巨大的生产力，但由于推广工作滞后，只能留在纸面上。

4. 白莲初加工以手工为主，需要耗费较多劳动力

2010 年，广昌白莲初加工仍以手工为主，需要耗费较多劳动力；2000 年以来，白莲单产大幅提高，加上外出务工农民增加，一家一户手工劳作，采莲高峰季节白莲加工受到影响。剥壳去皮制约白莲生产规模扩大。白莲手工加工费时、费力与劳动力短缺及加工机械技术不过关的矛盾，使农民只能量力而行种白莲，不敢一味扩大种植面积，已经成为制约广昌白莲产业进一步发展的瓶颈问题。

5. 缺乏长远产业发展规划，白莲产品营销渠道不畅

渠道不畅制约产品流通。白莲的深加工对白莲流通影响巨大，在某种程度上，争夺加工企业的供货权已经成为白莲流通的关键。比如建莲，虽然建宁本土也没有大的加工企业，但他们的白莲经营商与娃哈哈、银鹭等大型企业建立长期供货关系，形成了顺畅的销售渠道。据了解，杭州娃哈哈、厦门银鹭两家企业一年消耗的白莲产品在 400 t 以上。娃哈哈公司每月通过建宁商户在广昌收购的白莲就要发两车以上，一年销量近 150 t。相比之下，由于广昌白莲加工，本地企业起不来，外地企业联不上，致使用作原料的白莲销售处于被动地位，严重制约产品增值和产业增效。

出口是白莲销售的重要阵地，广昌白莲以前出口，全都是通过广东、福建商家进行转口贸易，未能有效建立自己的出口渠道。广昌拥有自营出口权的白莲企业仅有莲峰贸易和莲香食品两家，2007 年两家企业直接出口白莲仅超过 30 t。而建莲充分利用自己的出口渠道，越做越好，在海外市场上已经成为高端品牌，对广昌白莲的出口形成了较大压力。

第三章　广昌县白莲产业发展总体思路

第一节　白莲产业发展指导思想

以乡村振兴战略为统领，坚持绿色发展理论，以科技创新、科技进步为动力，以发展白莲特色主导产业为抓手，按照“产业特色化、基地规模化、生产标准化、产品品牌化”的总体要求，以及“扩面积、提单产、育新种、增效益”为产业发展指导思想，推进白莲特色产品标准化生产，深度合理挖掘白莲特色资源潜力，加快培育白莲特色产品知名品牌和周边辐射区，全面提升广昌白莲特色产品市场竞争力。采取政府扶持与市场运作相结合的方式，使白莲产业在农业生产中的主导地位全面加强，带动作用明显增进，经济效益显著提升，将白莲产业构筑成广昌县的标志性产业。打造白莲特色产品产业链，拓展国内外市场，做大、做强、做优广昌白莲国家级核心产业区，并促进白莲产业升级，尽快实现群众致富增收，加速实现地区经济跨越式发展。

第二节　白莲产业发展原则

1. 特色资源依托原则

白莲属于特色农产品生产，特色农产品具有突出的生产条件区域性。适用于生产白莲特色产品的资源大都存在于特定的生态区域内，其产业发展依赖于独特的区域资源基础。广昌丰富多样的白莲特色品种资源和莲荷文化传承，使本区域具有白莲特色产业发展最雄厚的资源基础。正是这些独特的特色资源孕育了广昌“白莲之乡”的白莲主导产业。

2. 比较优势强化原则

广昌白莲产业依托了区域特有的白莲资源，突出了广昌白莲生产的区域特点和地方莲荷文化特色，已逐步形成白莲特色产品生产最集中分布区。坚持核心区域开发与周边示范辐射相结合。核心区域产业比较优势在新的规划中需要进一步强化，使其升级为领先全国的行业优势。

3. 市场品牌导向原则

白莲特色系列产品不是生活必需品，产品的商品率高，需求价格弹性大，因此，发展白莲特色系列产品必须坚持市场品牌导向，既要瞄准现实市场产品消费需要，也要着眼潜在功能性产品需求，既要占领国内市场，又要开发国外市场。在品种选择上突出区域特色、品质特色、功能特色、文化特色，满足市场需求的多样化、优质化、动态化要求。

4. 产业系统开发原则

发展白莲特色主导产业，必须着眼于白莲产业整体开发和整体竞争力的提高，通过加强白莲系列产品的精深加工，延伸产业链和产业化经营，建立白莲特色系列产品开发的完整产业链体系，形成一批在国际、国内市场有竞争力的广昌特色白莲产品核心产区。

5. 科技创新支撑原则

坚持依靠科技进步，以科技促开发。发展白莲特色主导产业，重要任务就是要保持好广昌白莲特色产品的品质特性，而推动白莲新品种培育、标准化栽培技术与系列深加工产品的开发，行业科技进步是保障白莲系列产品品质的关键。加强白莲种质资源的科技驯化，要通过新技术、新工艺改造传统生产经营方式，稳定和增强广昌白莲特色产品的品质优势，培育核心竞争优势。加大白莲产业综合开发的科技含量，支持和鼓励科技人员建立科技示范点，完善社会化服务体系，使项目区成为科技推广的示范区。

6. 环境友好建设原则

白莲特色系列产品开发应以生态保护为前提，建立现代环境友好型白莲产业体系，在白莲特色农业与生态环境之间建立相辅相成的良性互动关系，促进区域白莲产业进入可持续发展轨道。坚持莲田基础设施建设与生态建设相结合，通过改善农业生产条件，提高白莲产业开发效益。同时，对于土方建设与工程建设等，要注意保护自然植被，治理水土流失，促进农业可持续发展。

第三节　白莲产业发展目标

1. 总体目标

以乡村振兴战略为指导，坚持绿色发展理念，按照“产业特色化、基地规模化、生产标准化、产品品牌化”的总体要求，进一步转变发展方式，集中精力打造广昌白莲主导产业；全力培植白莲主导产业，做大、做优、做强“广昌白莲”产品品牌与地方名片，彰显广昌白莲特色。通过全方位提升白莲产业的核心竞争力，实现白莲一业带动多产，努力把广昌打造成名副其实的全国白莲科研中心、白莲市场交易中心、白莲深加工企业集聚中心、莲花观光旅游和莲文化的展示中心，努力构建现代白莲产业发展体系，实现广昌白莲产业振兴。

——科研中心。第一，牵头争取各类白莲科研任务(国家科技攻关、“863”高技术、自然科学基金等项目，以及横向科技协作)，结合中心自身的科技优势，组织项目申报及重大项目的争取、洽谈和论证。第二，组织科技成果的奖励与科技成果转化。积极组织白莲科研项目申报国家、省部奖励，搭建白莲技术市场平台，加强国内外白莲科技信息和学术交流，做好科技成果的宣传推广、成果转化和产业化。第三，加强科研基地的建设，筹建白莲重点实验室、专项实验室和开放实验室，为争取项目经费、创新成果创造有利条件。

——市场交易中心。通过提高白莲市场开放程度、提升贸易便利化水平、发挥贸易流通对产业提升的带动作用、构建具有国内外市场资源配置功能的市场体系，还包括集聚贸易主体、打造空间载体、发展流通新业态、建设“白莲商贸天堂”，营造国际一流的商贸环境等。最终建立健全包括内贸、外资、外贸、外经，涵盖物流、融资、供应链管理、技术检测等多方面的商贸公共服务平台体系。

——深加工企业集聚中心。修订和实施广昌白莲国家标准，规范白莲生产、加工、销售各个环节，建立健全农产品质量安全保障体系，推进白莲加工企业的集约化、规模化、科技化水平。通过政府引导、市场化运作，鼓励入股，综合运用经济、法律和必要的行政手段，吸引并促进县内外白莲深加工龙头企业集聚。通过调动多方面积极性，使企业整合目标顺利实现。广昌白莲的市场竞争力得到明显增强。

——莲花观光旅游和莲文化展示中心。引导社会各方资源投入白莲产业，建成广昌白莲优势核心产区及一批白莲产品标准化生产示范区。通过将省级非物质文化遗产的“白莲生产加工技艺与习俗”与旅游有机结合起来，强化“莲文化”旅游的采莲、剥莲、通芯、烘烤等多个别具特色又充满情趣的白莲生产农事活动，品尝风味独特的莲宴，采购纯正的莲花粉，欣赏到别具一格的广昌民间莲花灯彩和莲神太子庙会。广昌具有独特优势的、以莲花为主体的农业生态观光旅游暨国际莲花节人气指数得以大幅度提升，白莲创意文化产业与白莲观光旅游带业已形成，培育一批在国内外公认的广昌白莲知名品牌，构筑具有强大感染效果的广昌白莲文化旅游展示基地，实现全县农民收入的持续稳定增长；全面开发白莲产业的多种功能。

2. 近期目标(2020 年)

——扩面积：通过主导产业培育，白莲生产基地规模扩大到 10 万～12 万亩。

——提单产：白莲单产由 80 kg/亩提高到 100 kg/亩以上。

——增总产:白莲总产量超过 1000 万 kg。

——增效益:白莲种植实现“1 亩莲 1 万元”,全县白莲产业经济总量达到 20 亿元以上。

——育新种:全面实现白莲品种的更新换代和产业的升级,并大力培育推广太空莲新品种,育成 1～2 个优质高产抗病白莲新品种。

——标准化:全县所有白莲产区全部建成绿色食品广昌白莲标准化生产基地,注册绿色产品 15 个,有机产品 1～3 个。

——良种化:白莲品种结构进一步优化,到规划期末,太空莲推广面积基本达到 100%覆盖全县白莲种植区。

——科技贡献:科技对白莲生产的贡献率进一步提高到 65%左右。

——产业化:培育市级以上龙头企业达 30 家以上。

——合作化:引导农民发展各类行业协会、专业合作社等中介经济组织 8 个以上。

——品牌化:大力实施广昌白莲品牌战略,打造广昌白莲系列产品知名品牌 3～5 个。

——网络化:构建创新白莲产品营销模式,在加强白莲实体专营(卖)店、直销经营模式同时,打造功能强劲的网络销售系统。

——产业体系:通过创建江西省莲产业工程技术研究中心,与国内科研院所建立战略伙伴关系,构建全国白莲产业技术支撑体系。

3. 中期目标(2030 年)

——稳面积:在稳定本县白莲种植面积 10 万～12 万亩的基础上,辐射带动周边邻县白莲种植 8 万～10 万亩。

——提单产:推广新品种和新技术,进一步提高白莲单产,白莲平均单产达 120 kg/亩。

——增总产:白莲总产达到 1200 万 kg 以上。

——创效益:推动白莲产业生产、加工、销售各环节发展,到 2030 年,实现“1 亩莲 2 万元”,全县通芯白莲种植总产值为 20 亿元,白莲产业经济总量达 50 亿元左右。

——良种繁育:在白莲生产重点村建立稳定的白莲良种繁育基地面积 3000 亩,每年繁育优质莲种 600 万株。

——品牌培育:争创“广昌白莲”中国驰名商标 3～5 个,省级名牌产品 5～8 个。全面实现广昌白莲绿色食品标准化生产,创建广昌白莲及系列绿色食品 30～50 个,有机食品 10 个以上。

——加工业:规模以上白莲及系列产品深加工企业达 10 家以上,产值 30 亿元以上,莲副产品综合利用产值达3亿～5亿元，税收为1亿元以上。在不断巩固和壮大现有白莲系列产品加工企业规模和效益的基础上，引进新技术，开发新产品。

——莲花产业：莲花花卉业（如莲花盆景和鲜切莲花）成为白莲产业发展的一个新兴产业。

——莲花特色旅游：莲花特色旅游业依托百里荷花带特色景观和广昌县特有的莲文化景点以及特色莲饮食，发展莲花特色旅游业，实现年接待游客20万人次，旅游业收入1亿元。

——白莲产业技术支撑体系：完善江西省莲产业工程技术研究中心，培育1个以上高产优质白莲新品种，10个以上子莲花莲兼用新品种并获省级农作物新品种审（认）定。

第四节　白莲产业发展主要任务

白莲产业发展规划的任务是构建一个白莲现代化产业体系，它不仅是广昌转变经济发展方式的重要途径，也是未来很长一段时间广昌新农村建设的方向。大力推进白莲标准化生产，加快白莲绿色食品、有机食品的发展步伐，提高广昌白莲的市场竞争力。

1. 扩大种植规模，提高白莲生产水平与经济效益

大力推广“莲－泽泻”套种、“莲－烟”轮作技术，积极推行“莲－菜”套种，逐步缓解莲粮争地、莲烟争地矛盾，白莲种植面积在8万亩基础上力争达到10万～12万亩。大力推广普及“太空莲”系列品种、“京广1号”白莲新品种，推广“良种＋良法”的配套高产栽培技术，逐步把全县白莲单产提高到100 kg/亩以上的水平，提高农民种莲的经济效益。

2. 依靠科技创新，巩固白莲科研水平与领先地位

加快莲花科技博览园后续工程建设，努力打造全国一流的子莲科技创新平台。依托水生蔬菜国家公益性行业科研专项，积极开展白莲科研攻关。重点做好白莲新品种选育工作，继续运用离子注入诱变育种、空间诱变育种和杂交育种等各种育种方法，力争选育出产量稳定达到120 kg/亩，蛋白质含量高，品质优良，农艺性状好的白莲新品种。开展分子杂交育种试验研究，力争培育出子莲产量达到100 kg/亩、同时产藕3000 kg/亩的高产子莲、藕莲兼用新品种。开展现有“太空莲”品种的提纯复壮，确保县级白莲良种繁育基地生产的“太空莲”种藕纯度达到96%以上。

3. 培植龙头企业，促进白莲加工业与产业化发展

把发展白莲加工业与推进农业产业经营结合起来，这是促进广昌县白莲加工业发展，提高白莲加工转化率和附加值，增加白莲后续效益和农民收入的有效途径。要通过招商引资以及对现有企业的大力扶持，重点培育一批规模大、起点高，带动能力强的白莲加工业，形成一批在国内外市场具有竞争力的龙头企业和品牌产品。重点是要培育壮大成启食品、莲香食品等一批白莲加工龙头企业，同时引导和鼓励龙头企业采取多种形式，与农户形成利益共享、风险共担的经营机制，促进白莲产业化经营健康发展。

4. 优化产业结构，挖掘莲产业的丰富内容与潜在价值

在子莲的产量和质量发展到一定程度的情况下，要大力挖掘白莲各方面的潜在价值，丰富白莲产业内容，改变白莲产业仅是子莲产业的发展局面，促进广昌县白莲生产全面发展。规划期内，要大力发展莲花旅游业。以莲花为主题的旅游业已经具备了很好的基础，县委县政府连续5年举办的国际莲花节，对广昌的莲花旅游业起到很大的宣传推介作用。驿前镇姚西莲花第一村、广昌县莲花科技博览园等已经成为莲花旅游亮点。今后要继续加大宣传力度，同时加大投入，打造更多莲花旅游景点及餐饮等配套设施，并着力提升广昌莲花旅游的品牌与品位。

5. 推行绿色生产，提升白莲品质与市场竞争力

注重提高白莲质量，确保白莲质量安全。普及推广《广昌白莲》国家标准，大力推广白莲绿色食品标准化生产技术。全面实现广昌白莲绿色食品标准化生产。逐步发展有机白莲生产，提高广昌白莲品质。同时农业执法部门要加大对白莲生产投入品的监管力度，坚持“从土地到餐桌”的全过程质量控制，保障白莲质量安全。通过各方面的努力，使广昌县白莲质量迈上一个新的台阶，进一步巩固我县白莲的市场竞争力。

6. 加强服务监督，增强专合组织覆盖面与作用

加快建立健全农产品质量标准体系，以提高农产品质量、安全、卫生水平为目标，认真组织实施“无公害食品行动计划”，建设白莲标准化生产综合示范区。建立健全白莲质量监督检测检验体系，加强白莲质量认证工作，完善白莲质量安全执法体系。加强白莲产业化经营基础建设，有计划地建立一批农业产业化经营示范区和示范项目，形成一批区域性、专业化、大规模的农产品生产、流通和加工基地。加强农业产业化重点龙头企业的科技开发中心建设，提高重点龙头企业的科技创新能力。

此外，提高乡(镇)、村级莲农经济合作社、协会等组织的覆盖面，不断壮大组织，增强服务，搞活运作，实现协会职能对广昌白莲产业的全面覆盖，将白莲产业的组织化程度提高到一个更高的水平，逐步形成区域化布局、专业化生产、一体化经营、社会化服务的产业化新格局。在协会中培养一支队伍稳定、素质较高的经纪人队伍，规范市场运作程序，充分发挥协会及经纪人在营销活动中的中介纽带作用。

第四章　广昌县白莲产业发展总体方案

根据总体规划思路，围绕总体目标，确定产业发展重点；发挥科技优势，明确科研主攻方向；突出产业特色，规划优势项目与总体区域布局。围绕打造“世界莲都”品牌建设目标，按照“一个中心、三个基地、五大体系”的总体建设思路，实现白莲产业发展战略目标。

第一节　白莲产业发展重点战略

要充分发挥资源优势和产业比较优势，打好广昌白莲特色牌，抓紧组织实施国家级示范区广昌白莲标准化示范区建设、全国绿色食品标准化基地建设等项目，大力推进白莲标准化生产，加快白莲绿色食品、有机食品的发展步伐，构建中国白莲产业中心与核心辐射源，打造“世界莲都”。

广昌白莲产业发展战略重点，主要围绕莲产业工程技术研究中心的构建，白莲高产示范、白莲文化旅游农业、白莲精深加工产品开发等基地的建设，以及良种繁育与科技创新体系、质量安全与产品追溯体系、电子商务与市场流通体系、技术推广与生产服务体系的建立来构思设计。

1. 科技兴莲战略

2012 年中央一号文件主题就是加快推进农业科技创新，强调依靠科技创新驱动，引领支撑现代农业建设。白莲科技创新、增强自主创新能力是科技兴莲战略的核心，其具体内容还涉及白莲新品种保护、原产地保护、地理标识、知识产权保护等。早在 1984 年，广昌就在全国子莲产区中率先成立了白莲科学研究所，从广昌县农业局、广昌县良辉园艺场及广昌县农业科学研究所抽调从事白莲生产、科研的技术人员，建立了一个机构、组织了一支队伍，长期从事白莲科研工作，这是广昌县白莲产业领先全国（全球）的重要原因。白莲科学研究所拥有自己的科研实验基地和良种繁育基地，为白莲科研的顺利开展奠定了坚实的物质基础。2006 年，广昌县又成立了全国唯一的白莲产业发展局，以进一步做大、做强白莲产业。

科技兴莲要把依靠科技进步、提高科技含量作为加快白莲产业发展的一项根本性战略措施紧抓不放。要抓好白莲新品种、新技术和新材料的推广，努力提高白莲产品的科技含量。广泛开展与国内外科研、教学单位合作，实行产学研结合，加快科技创新，引进和吸收最新科学技术和新品种应用于生产，抢占科技制高点。科技创新能力与水平是白莲产业振兴的力量源泉。

2. 人才聚莲战略

科技知识是科学家的智慧结晶，科技成果是由人才创造的，也是通过人才推广和传播并应用到白莲产业发展中的，白莲产业依托人才凝聚发展能量。因此，要大力加强白莲产业科技队伍建设与管理，加快培养引进利用白莲生产、加工、管理方面的高科技人才，建立竞争机制，鼓励和促进科技人才脱颖而出。人是最宝贵的资源，人才则是白莲产业飞跃发展的核心与关键。要按市场经济规律要求，搞好白莲推广体系建设，不断提高科技人员素质，大力强化科技服务功能。调整好工作目标和运行机制，实现规模管理和新成果、新技术的最佳组合，在高产优质高效和产供销一体化方面发挥好示范带动作用。

3. 质量立莲战略

制定绿色农业标准，实施绿色食品标准化生产是确保白莲产品质量安全，实现白莲产业现代化的重要手段。20 世纪初，广昌县白莲产业发展局组织制定了我国首个子莲国家标准《地理标志产品　广昌白莲》国家标准，该标准于 2006 年 10 月颁布实施，其集成了国内子莲领域最新的科研成果和先进技术规范，总结集成了绿色食品标准化生产与推广体系。同时，广昌被农业部全国绿色食品中心批准为全国第一个绿色食品（白莲）标准化生产原料基地县，并被列入江西省十大战略性新兴产业（生物）发展规划（2009—2015）。2007 年 3 月，广昌县正式通过了农业部全国绿色食品中心组织的专家验收，成为我国首个绿色食品（白莲）原料标准化生产基地县、全国绿色农业（白莲）标准化示范区。坚持高标准、严要求，继续搞好白莲科技示范基地的建设，通过基地示范来推动辐射全省及周边区域白莲产业发展，以实现“质量立莲”的战略目标。

4. 品牌强莲战略

品牌强莲是要通过各种渠道与措施让世人都知道“广昌白莲”就是白莲优质名品或名牌的代名词。名品、名牌、名片密切相关，名品就是名牌，而名品与名牌均可以成为地区的名片。品牌强莲战略意在使“广昌白莲”成为全国乃至世界白莲业界的名片。将来面对白莲市场竞争的不断加剧，在充分认识树立品牌重要性的基础上，要以已有的省名牌产品为基础，通过注册商标、申报认证、广告宣传、举办国际莲花节等方式，大力宣传广昌白莲，组织申报广昌白莲国家名牌农产品、省级名牌农产品称号，争创国家驰名商标、著名商标，努力树立广昌白莲良好的销售形象，争取创造出更多的在国内外市场上有较高知名度和影响力的广昌白莲系列名牌产品，走出一条培育名牌、开发名牌，依靠名牌开拓市场、占领市场的新路子。

5. 市场活莲战略

市场活莲战略意图是将涉及白莲产业的产前、产中、产后各个链的营销环节，以产业营销链条连接起来，构成“利益共享、风险共担”的产业联盟。这是品牌强莲战略的深化，市场需求与要求生产优质、无公害、绿色白莲产品，落实全程环境和产品质量检测的重要组织措施，也是实现白莲产供销一体化即产业化发展的必由之路。

要根据市场变幻需要，尽快培植一批白莲生产、运销、加工、出口龙头企业和农民产销合作组织。尽快完善市场运作机制，建立健全广昌白莲信息网络，通过已经建设成型的广昌白莲协会、白莲经济合作社等专业组织，大力强化白莲市场流通综合服务功能，积极扶持白莲运销组织和流通队伍建设，大力加强市场经纪人的培训，不断壮大市场经纪人队伍，努力拓展白莲市场销售的空间和领域，活跃国内外白莲产业发展。

6. 旅游旺莲战略

围绕“中国白莲之乡”品牌，做大做强莲花生态旅游产业。要对莲花古镇进行科学规划，加强对明清古建筑群的整体保护和修缮，在有效保护中加快开发，在加快开发中促进保护，努力把驿前镇打造成国家级历史文化名镇。要进一步完善中国莲花“第一村”姚西景区、红色雕塑主题公园、驿前红色旅游经典景区、雁塔森林公园等景区景点建设，完善配套服务功能，积极争取红军长征前夕战役纪念馆建设，启动青龙湖景区和温泉休闲度假村开发建设，形成独具广昌特色的自然风貌和人文景观，推动广昌旅游产业大发展。近年连续成功举办的广昌国际莲花节大大提高了广昌的知名度，仅 2009 年旅游局统计前来广昌观光旅游的人数已达 22 万人次。“千年莲乡，中国广昌”的概念认知，正在被来自海内外与全国各地的旅游者传播开来，莲荷美景带动旅游经济，旅游人气攀升，进一步促进白莲产业的兴旺发展。

7. 文化养莲战略

广昌有“中国白莲之乡”的盛名，“中国处处有莲花，唯有广昌有莲神”。广昌建县于南宋绍兴八年，因“道能闽广，郡属建昌”而得名，因盛产白莲而闻名于世，千年莲乡历史沉淀形成魅力独特、底蕴深厚的广昌莲文化。“中国白莲之乡”“中国物流第一县”、广昌恐龙化石被誉为中华之最、广昌孟戏 2006 年第一批被列入国家非物质文化遗产名录等都具有国家文化品牌与等级之地位，却始终未能形成拥有强大竞争力的国内外知名品牌或文化磁场与吸引力。

“广昌白莲”深厚的文化内涵与文化底蕴，要深入挖掘莲文化与佛教文化、地域民俗文化的相通性，塑造地方文化特色，以地域文化精髓滋养并打造白莲产业核心竞争力。因此文化养莲战略也就有着无限的文化深度与潜力空间。2007 年，广昌启动了莲花科技博览园建设，博览园占地面积 140 余亩，工程总投资 1500 万元，是全国最大、设施最先进的子莲科研专门机构。园区集子莲科研实验、良种繁育、质量检测、科普培训、莲文化展示、休闲观光等多种功能于一身。莲花科技博览园有力地促进了广昌白莲科研再上新台阶，全面提升了广昌县白莲文化精神档次与水平。

8. 产业富莲战略

广昌白莲孕育了地域文化，白莲产业的兴旺发达也造福了一方百姓。广昌白莲产业声名远播，与当地产业基地培育密切相关。广昌植莲的历史有 1300 年，广昌县还最早在全国建立了白莲科学研究所与白莲产业发展局，成为全国乃至世界白莲业界科研水平最高、种植规模最大、群众技术基础最好的“白莲之乡”。为打造好广昌白莲这一地域特色资源品牌产业，广昌把重点放在科技创新上，实现了品牌与产业互动的良性循环发展。为强化标准体系的应用，白莲产业发展局在全县建立绿色食品广昌白莲标准化示范基地 8 万余亩，对基地实行“统一优良品种、统一生产操作规程、统一投入品供应和使用、统一田间管理、统一收获”的“五统一”生产管理制度，初步构建了全县白莲绿色食品标准化生产与推广技术体系，实现白莲产品由“土地”到“餐桌”的全程质量控制，使广昌白莲产品质量安全得到了有力保障。

广昌太空莲新品种每亩平均产量在 80～100 kg，最高可达 140kg 以上，比 20 世纪最好品种增产 60％以上，是传统的百叶莲、白花莲产量的 3 倍。还具有高蛋白、低脂肪、氨基酸含量丰富的品质特征，其粗蛋白比常规品种高 2～3 个百分点。每年，广昌县周边的邻近县以及周边省份都派人来广昌求购“太空莲”种子。“太空莲”已在全国累计推广 60 万亩以上，新增经济效益超过 6 亿元。“产业富莲战略”就是要发挥广昌“全国白莲中心”与“世界莲都”的产业辐射中心作用，不仅富裕广昌百姓，而且促进江西全省及全国白莲产业的发展。

第二节　白莲产业发展主攻方向

1. 科研主攻白莲品种创新与病害防治

(1)优质超高产白莲品种创新研发

科技创新是白莲产业能力提升的基础。积极开展现有“太空莲”品种的提纯复壮，降低现有“太空莲”品种退化的速度；择机再次开展航天搭载，力争选育出产量更高品质更好的白莲新品种；开展子莲和藕莲杂交育种研究，力争选育出子莲和藕粉莲兼用的新品种，育种目标是选育出白莲产量 120 kg/亩以上，藕的产量 2000～3000 kg/亩的新品种；开展分子杂交育种试验研究，力争培育出超高产的白莲新品种，目标是选育出白莲亩产稳定达到 150 kg 以上的超高产白莲新品种。

(2)白莲腐败病防治技术攻关

白莲连作时间长，白莲腐败病发病严重，特别是甘竹、盱江、长桥等冬季缺水的莲田更易发病。20 世纪 90 年代白莲腐败病对广昌白莲产业造成了重大影响。随着"太空莲"的推广，白莲腐败病的发生相对变轻。但 2000 年以来，白莲腐败病的发生又开始抬头。因此，白莲产业发展中必须加强开展白莲腐败病攻关，力争在白莲腐败病防治方面取得重大突破，保障白莲产业稳定发展。

(3)节本高产高效白莲综合技术研发推广体系

主攻白莲增产增效并重，不同良种研究对应配套的良法，研究建立生产生态协调的白莲现代产业技术体系，以达到大面积均衡增产的效果。同时，加强科技管理体制与机制及其传播平台建设，加速白莲产权品种与新技术的更新周期与推广辐射范围。

2. 种植主攻白莲生产标准化与全程机械化

白莲种植直至采收过程中，不仅劳动投入多，而且劳动强度大。加强白莲种植、管理、采收与莲种采挖机械化及自动化去皮加工技术攻关研究。而白莲机械化的前提是生产的标准化，因此需要研究开发白莲标准化种植技术及其大面积的普及推广。此外，广昌白莲生产过程与莲子初级产品加工仍以手工劳作为主，劳动强度大，且效率低。近年来，随着农村劳动力向城市转移，种莲容易加工难的矛盾日益突出，这不仅导致不少莲农不敢扩大种植面积，而且也制约了全县白莲产业的发展。如能实现白莲生产种植主要环节的机械化，特别是子莲的去皮工序与藕种的机械化，广昌县白莲种植的规模与效益都将大大提高。

3. 加工主攻白莲与副产品综合加工利用技术

2010 年，白莲产品主要是以初级加工的干通芯白莲为主，进一步开发的系列产品品种少、档次低，对白莲的深度开发不够，产业链短，产品自身消化能力弱，产品附加值低，抵御市场风险的能力也较弱。未来加工重点是莲的生物食品和生物医药的研究开发，充实莲产业创业创新平台的打造，积极引进大型莲产业加工企业，并注重培育本土小型白莲产业开发企业的培育壮大，深入进行白莲、荷叶、莲芯等深加工研究，开发白莲新产品。

突出发展荷叶原花青素、速冻鲜莲、真空冻干鲜莲等品种；大力开发白莲饮料，如莲子汁、莲子麦片、速溶莲子粉等；开发罐头食品，如冰糖莲子、莲子八宝粥等。除莲子外，莲芯、荷叶、莲花、莲花粉、莲花蜜等副产品也有较大的开发前景，如利用莲子、莲芯、莲花开发美容食品和化妆品，利用莲叶、莲子壳、莲芯开发生物药品等。要继续加大产业招商力度，致力引进从事白莲系列产品开发的高新技术企业，引导企业进行产品结构调整和新产品开发创新，大力发展绿色健康、市场前景好的产品。

4. 品牌主攻“广昌白莲”全球化

构建“广昌白莲”品牌全球化战略，包括品牌建立、品牌培育、品牌宣传、品牌国际化的推进等方面。要从扶持白莲企业品牌着手，提升企业品牌知名度和集中度，品牌全球化是通过白莲企业在进行世界贸易或跨国生产经营的活动中全面推出的“广昌白莲”品牌系列产品，白莲企业在全球性的营销活动中，树立自己的品牌定位形象，达到全球化的目标。不仅要占据国内的白莲市场，还必须进军国外的白莲市场进行跨国经营，即在国外投资、生产、组织和策划“广昌白莲”的国际市场营销活动。“广昌白莲”现已注册为通用商标，申报了“广昌白莲”地理标志产品保护，成功创建全国绿色食品原料标准化生产基地，但如何让这些通用商标品牌与地理标志品牌成为真正的世界市场知名品牌，仍然需要政府进一步加大工作力度。

5. 市场主攻白莲集中交易平台

(1)构建全国性白莲市场集中交易平台

广昌近年白莲交易主体变化趋势是大户经营规模扩大，并有莲峰、菜单王、迈的乐等白莲产品注册商标。白莲流通领域做大整合的趋势明显，但缺乏白莲集中交易的平台。20世纪90年代初建成的白莲市场，场内交易呈萎缩趋势，大部分商家是在场外进行交易。因此，迫切需要构建一个实体市场与虚拟市场相结合、市场条件和交易机制具有凝聚效应，并且能够代表广昌白莲地位的全国性白莲市场集中交易平台，突出运用网络技术链接县内外与海内外的电子商务平台建设，以帮助增强营销企业、商户的品牌意识，树立广昌白莲整体品牌形象。

(2)强化白莲市场规范管理

当前广昌白莲销售是以个体及私营企业为主，从业人员素质参差不齐，部分经营户存在掺杂使假，还有的将白莲用过氧化氢漂洗或用硫黄熏蒸，对广昌白莲声誉造成较大的负面影响。因此需要政府高度重视白莲市场交易平台建设的同时，加强白莲市场监管者与营销队伍的建设，并从市场制度建设、市场规范监管执行等方面采取切实有效的措施，加强白莲市场管理，打击市场不法行为，维护广昌白莲品牌。

6. 旅游主攻“广昌白莲”印象文化

广昌白莲种植历史悠久。广昌白莲，历来被称为“贡莲”，为“莲中珍品”，一直畅销海内外。早在1978年，广昌县被江西省批准为白莲外贸出口基地县。1988年，广昌被国家计委确定为白莲出口创汇基地县。1995年3月，在北京人民大会堂召开的“首届百家中国特产之乡命名大会”上，广昌县被命名为“中国通芯白莲之乡”。1999年4月，《人民日报》推出“中国特色之乡”大型宣传推广活动，广昌被授予“中国优质白莲之乡”称号。2008年，广昌白莲被评为中国名牌农产品，产销率达95%以上，但“广昌白莲”品牌的影响力尚有待提升。

广昌县委县政府对挖掘白莲的历史文化价值十分重视。多年来，积极组织申报“中国白莲之乡”称号、江西省名牌产品称号、“广昌白莲”通用商标、“广昌白莲”原产地保护；结合莲神太子庙会举办国际莲花节；结合驿前莲花古镇风情开展莲花旅游等。“中国白莲之乡”实体的东西在全国遥遥领先了，但现在还缺乏一种如舞蹈家杨丽萍在舞台上创作的一系列云南民族特色舞蹈与特色服饰融合一体的“云南印象”，以及大师级导演张艺谋以漓江实景创作的“印象刘三姐”等相类似的“广昌白莲印象”。具体可从驿前古镇等莲景点旅游线路设计与莲神与莲佛文化的挖掘整理着手，就“荷花出淤泥而不染”的纯洁爱情与公正廉洁寓意精神，组织以莲荷为主题的书画笔会、雕刻作品大奖赛、摄影大师作品展等活动，还有莲荷滋补功能食品与莲花保健调养深度旅游等方面的设计，并且城建等相关部门要有意识地在城市建筑设计与园林规划等日常生产生活中营造处处是“莲海”、步步皆“莲景”的“莲乡”气势，全方位推进“广昌白莲”创意文化的挖掘利用，进一步开辟广昌白莲旅游产业化发展的新领域。

第三节　白莲产业总体布局

白莲产业发展规划是个中长期的指导性规划。近中期广昌白莲产业发展的总体布局包括：一个中心、三大基地与五大体系。其中白莲产业技术支撑体系的核心是白莲产业工程技术研究中心，而且白莲产业工程技术研究中心将是引领未来广昌白莲产业成就“全国白莲产业中心”与“世界莲都”的策源地，因此单独列出来强调其重要作用。

一个中心：白莲产业工程技术研究中心，布局在盱江镇小港村。

三大基地：白莲标准化高产示范基地主要布局在驿前镇、盱江镇、头陂镇、赤水镇、塘坊镇、甘竹镇、尖峰乡等白莲集中产区；白莲文化创意旅游农业基地主要布局在驿前镇、盱江镇、赤水镇等县域特色传统莲文化突出的乡(镇)区域；白莲精深加工产品生产开发基地将入驻县工业园区。

五大体系：白莲产业技术支撑体系，核心在盱江镇小港村，其体系末梢则延伸至所有白莲集中产区；白莲良种繁育与科技创新体系主要布局在县莲花科技博览园及各乡(镇)；白莲技术推广与生产服务体系主要布局在驿前镇、盱江镇、头陂镇、赤水镇、塘坊镇、甘竹镇、尖峰乡等白莲集中产区；白莲电子商务与市场流通体系的核心——白莲电子商务平台布局在盱江镇，市场流通网络则连结白莲生产有一定规模的各乡(镇)；白莲质量安全与产品追溯体系的质量检测中心设在盱江镇，生产全过程的电子档案则主要布局在各个达到一定白莲生产规模的乡(镇)。

第四节　白莲产业重点建设项目

1. 白莲产业技术支撑体系(核心是白莲产业工程技术研究中心)

白莲产业技术支撑体系是支撑广昌乃至全国白莲产业技术体系发展的基础性和战略性科研平台建设，主要以广昌县白莲科学研究所的现有科研条件为基础，结合江西省农业科技创新体系建设，组建江西省白莲产业工程技术研究中心，通过10～15年，基本建成以资源育种为核心，集质量安全、精深加工、天然活性成分开发、加工机械等多种研究功能于一体的综合性“白莲科学研究院”。

“白莲科学研究院”主干研究机构——白莲产业工程技术研究中心的主要业务范围是白莲资源保护、品种培育、产品加工等领域的科技创新，增强自主创新能力是核心，保护知识产权成果是关键，含植物新品种保护、专利保护、商标保护、地理标志保护等。

主要建设温室、分子生物学实验室、组培实验室、功能食品开发实验室等设施，组建一个能组织承担我国白莲产业工程化共性关键技术重大研发任务，具有较强的工程技术开发和中试能力、能够将我国白莲产业急需的工程技术成熟化、工程化、配套化的公共平台，成为我国白莲产业工程技术的集聚地和科技成果的辐射源，成为我国白莲产业企业型科技人才的培养中心，持续产出具有自主知识产权的共性技术及关键技术，提高我国白莲产业工程化技术水平，推动白莲产业行业的技术进步。

项目布局地点：盱江镇小港村。

2. 白莲标准化生产示范基地

在白莲基地规模基本稳定的情况下，未来白莲生产示范基地规格将进一步提升。“十一五”开始，广昌白莲基地生产规模稳定在8万亩的水平，依托以工代赈、农业综合开发、科技富民强县、财政支农资金整合等项目，加大投入，完善白莲生产基础设施，改善白莲发展环境。期间发展了绿色食品广昌白莲标准化生产基地8万亩，基本涵盖全县所有白莲产区，基地通过了国家绿色食品发展中心的认证，提升了基地规格。县白莲科技产业局建立了太空莲原种繁育基地，各乡(镇)建立了太空莲良种繁育基地，建立健全太空莲良种繁育体系，到“十一五”末，太空莲推广面积达8万亩，基本达到100%覆盖全县白莲种植区。同时，白莲品种结构进一步优化，全面实现白莲品种的更新换代和产业的升级，大力推广太空莲新品种，从而提升白莲产业的市场竞争力。

项目布局地点：驿前镇、盱江镇、头陂镇、赤水镇、塘坊镇、甘竹镇、尖峰乡等。

3. 白莲文化创意旅游农业基地

建设意图在于广昌白莲品牌宣传与旅游产业发展。包括举办国际莲花节，国家著名商标、驰名商标的申报，白莲产品展销、产品推介活动及网络、电视等媒体广告、品牌宣传制作等投入“以奖代补”项目，白莲旅游线路周边环境综合治理等内容。白莲文化旅游基地是将白莲产业向三产延伸，包括白莲文化创意产业，也包括方兴未艾的莲花旅游产业的发展。“十一五”期间，广昌县已加大了发展莲花旅游方面的工作力度，以驿前莲花古镇和姚西竹林赏莲区为主打的县内莲花主题旅游产业蓬勃发展。特别是从2006年起，每年举办的国际莲花节，更成为广昌县向外展示的重要窗口。县白莲科研所也加快了花莲新品种的选育和引进工作。莲花旅游的兴起，开拓了广昌县白莲产业新的发展方向。

项目布局地点：驿前镇、盱江镇、赤水镇。

4. 白莲精深加工产品开发基地

白莲精深加工产品开发基地项目，主要内容是以“特色食品—经典菜品—时尚日化品”的产品线开发思路，在广昌县建成一批拥有国内先进生产工艺和设备，拥有大型低温冷库、现代化专业厂房以及完备的生产生活设施，具备自主知识产权，生产速冻、冻干、饮料、罐头等系列鲜莲产品，贡莲精品菜系以及其他以白莲为原料的日化用品生产与研发的大型现代化白莲深加工企业。扶持广昌莲香食品公司和广昌裕科实业有限公司荷叶茶项目做大做强，充分挖掘荷叶经济价值，打造“十二五”期间广昌莲农增收新亮点，项目将建有1万t大型低温冷库，2条2万t鲜莲罐头生产线，2条2万t鲜莲汁生产线。完全建成投产后，年可实现产值10亿元。

项目布局地点：县工业园区。

5. 白莲良种繁育与科技创新体系

白莲良种繁育推广体系建设。主要包括白莲原种基地建设、白莲良种繁育基地建设、白莲脱毒组培快繁技术研究、白莲生产示范基地建设等。广昌白莲新品种选育体系建设，主要包括白莲航天搭载诱变育种研究、引进泰国野生莲杂交育种研究、白莲离子注入法育种研究等。航天搭载繁育白莲新品种，白莲脱毒组培快繁技术研究开发，白莲离子注入诱变育种，成功培育了“太空莲”系列品种，并积极推行广昌白莲绿色食品标准化生产，提高白莲水平。

项目布局地点:县莲花科技博览园、各乡(镇)。

6. 白莲技术推广与生产服务体系

白莲技术推广体系建设,主要包括白莲技术推广网络建设、农户技术培训工程等。生产服务体系建设,则主要指白莲产业发展中相关研究与开发。主要包括花莲新品种选育及引进、花莲生产技术研究、鲜切花保鲜技术研究、花莲市场的开发,以及产前、产中与产后的一系列服务环节与机构和组织等。

项目布局地点:驿前镇、盱江镇、头陂镇、赤水镇、塘坊镇、甘竹镇、尖峰乡等。

7. 白莲电子商务与市场流通体系

广昌白莲电子商务与市场流通体系,计划新建设白莲市场一座,并扩建室内市场,包括店面和固定摊点,配套建设相应的储藏设施,电子结算、检测及信息系统等设施;并出台相关政策,鼓励商户在白莲市场内进行白莲系列产品交易;通过现代化物流及电子商务信息管理技术的应用,在完善广昌白莲专营(卖)店基础上,借助电子商务平台打造全球连锁的广昌白莲旗舰店网络营销系统;进一步巩固广昌县作为全国白莲产品集散中心、价格形成中心、信息发布中心的地位。

项目布局地点:盱江镇。

8. 白莲质量安全与产品追溯体系

白莲质量安全保障体系建设,主要包括白莲产品质量监测与追溯网络、白莲产品质量追溯制度和技术规程。建立广昌白莲产品质量综合检测中心,下设相关理化分析实验室,加大对全县各类白莲产品的质量监督,以确保白莲产品安全。白莲产品追溯体系则可以确保白莲从莲田到餐桌的安全与可靠。

项目布局地点:盱江镇及各乡(镇)。

此外,白莲地理性标志绿色产品,白莲绿色、有机食品栽培技术研究开发,白莲功能性和药用价值性产品研究开发等也值得深入研究。

第五章　广昌县白莲重点项目建设内容

第一节　白莲产业技术支撑体系

白莲产业技术支撑体系是支撑广昌乃至全国白莲产业技术体系发展的基础性和战略性科研平台建设，主要以广昌县白莲科学研究所的现有科研条件为基础，结合江西省农业科技创新体系建设，组建江西省莲产业工程技术研究中心，通过10～15年，基本建成以资源育种为核心，集质量安全、精深加工、天然活性成分开发、加工机械等多种研究功能于一体的综合性“白莲科学研究院”。

1. 发展方向

以广昌县白莲科学研究所为基础，结合江西省农业科技创新体系建设，组建江西省白莲产业工程技术研究中心，按照“白莲育种—质量检测—食品加工—成分开发—装备研制”的产业技术配套原则，建立包括“白莲种质资源创新与分子育种”“白莲产品理化分析”“白莲采后处理与功能食品开发”“白莲天然活性物质与功能开发”“白莲收获机械及加工装备”五大核心试验室，基本具备承担我国莲产业工程化共性关键技术重大研发任务的能力，具有较强的工程技术开发和中试生产能力，通过持续产出具有自主知识产权的优质新品种、共性技术与关键设备，带动和提高我国莲产业工程化技术水平，推动莲产业行业在育种、加工与资源开发领域的整体性技术进步。

2. 阶段目标

2020年前争取建成“白莲综合科研实验楼”，全面完成白莲种质资源创新与分子育种实验室、白莲产品理化分析综合实验室的软硬件条件建设。白莲采后处理与功能食品开发、白莲收获机械及加工装备两个实验室完成规划论证设计、人才培养与储备，2016—2020年开始投资建设，争取在2025年左右成为江西省级重点实验室；2020—2030年，根据实验室的建设进度，开始整合已有的设备资源，部署建设白莲天然活性物质与功能开发实验室。至2030年，江西省白莲产业工程技术中心全部建成后，基本形成完整的白莲产业技术支撑体系，将成为我国白莲产业急需的工程技术成熟化、工程化、配套化的公共平台，全国白莲产业工程技术的集聚地和科技成果的辐射源和全国白莲产业科技创新人才的培养中心。

3. 建设内容

根据现有的基础条件和产业发展需求，以建设产业工程技术中心为核心，先期重点建设白莲种质资源创新与分子育种、白莲产品理化分析两个综合实验室，构成产业技术支撑体系的主体部分。其他实验室视条件分步建设。

4. 建设规模

根据白莲产业技术支撑体系的实验室规划要求，需建成“广昌白莲综合科研实验楼”，建筑面积 4000 m^2，建设 60 个左右的 30 m^2 标准实验间，实验大楼投资需 4000 万元左右；第一期（2011—2020 年）实验仪器设备投资需 9000 万元；其他实验室条件改造与设备安装等费用需 1500 万元。总投资需 14500 万元。

5. 建设布局

按照“资源整合、分步实施、联合创新”的白莲产业技术支撑体系建设规划思路，产业工程技术中心 5 个核心实验室的具体建设布局情况见图 5-1。

（1）白莲种质资源创新与分子育种实验室

①研究领域

优良品种的选育和推广是保障广昌白莲产业可持续发展的重要基础，白莲种质资源创新是优良品种选育的关键，创建高效育种技术体系、培育“丰产性、优质性、抗逆性、广适性”四性综合的优良白莲新品种是广昌白莲产业实现跨越式发展的重大科技需求。

该实验室主要以白莲优质种质资源的发掘、创新和利用为基础，以品种选育为核心，通过分子育种、空间诱变技术与常规育种的结合，建立并完善以生物信息学为指导、常规育种为依托、种质资源为背景的高效分子育种技术体系，重点培育白莲优良新品种，开发白莲优质高产安全高效栽培技术与模式。

主要开展以下几个方向的研究：国内外白莲种质资源的收集、分类、保存、评价与鉴定；白莲常规育种包括子莲和藕莲杂交育种、野生近缘品种与本地品种的杂交育种研究，选育子莲和藕莲兼用的新品种；太空育种和离子注入法育种，积极开展现有“太空莲”品种的提纯复壮，降低现品种退化速度，继续开展航天搭载，选育产量更高品质更好的白莲新品种；白莲基因组学研究，主要包括功能基因（尤其是抗腐败病基因）的定位、筛选、克隆，腐败病菌诱导表达的基因表达谱分析，白莲高产、耐旱、抗腐败病等性状的分子标记辅助育种和转基因育种等。

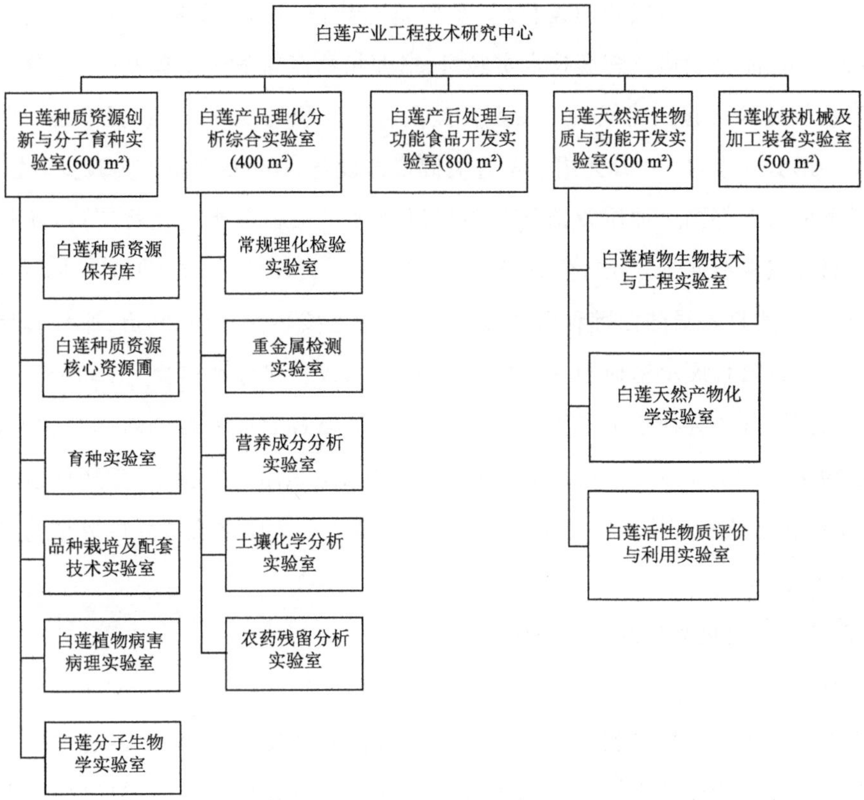

图 5-1　白莲产业工程技术中心示意图

②建设目标

深入地开展白莲遗传育种及其分子生物学机理的研究，掌握先进的遗传育种操作技术，积极开展白莲种质资源的创新与利用，利用常规育种与分子育种技术相结合，有计划、有目的、有预见地改良白莲品种的遗传特性，重点做好白莲新品种选育工作，至 2030 年力争广昌白莲的太空育种、杂交育种和分子育种科研达到国际和国内的领先水平，使本实验室成为全国最大的白莲新品种研发基地，成为江西省级重点实验室。并与江西省农业科学院等单位联合申请，争取经国家人事部批准在该重点实验室设立博士后科研工作站。

具体的目标是：2020 年前，利用常规育种、太空育种、离子注射法和分子标记辅助育种技术，选育出 5～7 个莲子亩产 100 kg 以上、藕亩产 2000～3000 kg 的白莲新品种，其中申请植物新品种权 5 项，力争至少 3 个品种获得品种权保护；2020—2030 年，重点通过分子育种试验，力争培育出抗腐败病、亩产稳定达到 150 kg 以上，全部通过江西省非主要农作物品种审定的超高产白莲新品种 3～5 个；对白莲腐败病基因进行分离克隆、功能分析和鉴定，筛选具有抗腐败病特性的基因 3～5 个，申请发明专利 3 项。

③建设任务

围绕实验室的研究领域和建设目标，需要重点建设白莲种质资源保存库及核心资源圃、育种实验室、品种栽培及配套技术实验室、白莲植物病害病理实验室、白莲分子生物学实验室等基础试验设施。建成后的室内实验室总体面积约 600 m^2，仪器设备投资初期投入需 2000 万元，其中，1600 万元用于购置关键仪器设备，400 万元用于实验室装修改造。

积极争取农业部国家种质资源保存项目以及种子工程等相关经费支持，新建白莲种质资源低温冷藏保存库 150 m^2，分 A 库（-20 ± 2 ℃）、B 库（-10 ± 2 ℃）、C 库（0 ± 2 ℃）3 部分，收集保藏优良特异的白莲种质资源 200 份，建立核心保存圃 20 亩，原种基地 50 亩，白莲新品种测试繁育展示基地 50 亩；在现有基础上，改扩建育种实验室 150 m^2，包括常规育种、太空育种、分子育种 3 个工作间；结合江西省区域性农业科技创新体系建设，新建白莲分子生物学实验室 120 m^2，包括基因分离与鉴定、组织培养实验室、生物信息 3 个工作间；扩建品种栽培及配套技术实验室 100 m^2；与江西农业大学联合建立白莲植物病害病理实验室 80 m^2。

(2)白莲产品理化分析综合实验室

①研究领域

该实验室将为广昌县白莲产品质量分析与监管提供技术支撑，旨在通过建立与完善广昌白莲地理标志产品的质量标准化体系，推动以质量标准化为核心的白莲地理标志产品的品牌化进程，用标准化模式解决制约白莲产业中现存的质量参差不齐的问题，从而统一和规范广昌白莲的地理标志使用，增强白莲产品的质量安全，提升广昌白莲产品的综合竞争力。

通过与江西省质量技术监督系统的检测实验室联合，建立优势互补、资源共享、特色鲜明的白莲产品理化分析综合实验室，提供白莲初级产品（莲子、莲藕、荷叶等）和深加工品（莲汁、藕粉、莲蓉等）中的感官评价、营养成分、功效成分、微量元素分析、农药残留、重金属等检测分析，检测报告满足国家规定的检测要求，确保检测结果科学、可靠和公正。同时，在实验室进一步调试、完善后，作为公益性项目，将正式启用并向广昌县白莲产品加工企业、种植农户及省内外企业开放，开展白莲产品部分理化指标的免费检测，填补当前国内白莲产品质量检测能力的空白。

②建设目标

2020 年前，该实验室争取具有省级实验室资质认定计量认证资质，至 2030 年，通过中国合格评定国家认可委员会（China National Accreditation Service for Conformity Assessment，CNAS）的实验室认可，向农业农村部农产品质量安全中心申请获得“无公害农产品认证定点检测机构”资质和“全国农产品地理标志产品品质鉴定检测机构”资质。

前期主要是购置天平(电子天平、电子分析天平、电子精密天平等满足不同检测要求的天平)、电热恒温水浴锅、高速组织捣碎机、烘箱(电热恒温烘箱和真空干燥箱)、冰箱、旋涡振荡器、立式冷冻高速离心机、定氮蒸馏装置、皂化装置、真空旋转蒸发仪、超声波清洗机、微波消解器、通风橱等常规检验仪器和前处理设备。后期主要是完成气相色谱仪、高效液相色谱仪、原子吸收分光光度计、紫外分光光度计等大型仪器的购进和组装,同时对相关分析操作人员的专业知识和专业技能进行培训和考核,使实验室人员不仅达到熟练操作仪器、分析数据和对仪器进行常规维护,还能解决常见故障。

实验室最终建设将成为广昌乃至全国白莲产品的公共服务实验室,确保质量分析行为公正、方法科学、数据准确、服务规范,为政府服务、为社会服务、为企业服务,使中心成为省内有优势、国内有特色的白莲产品分析测试中心,覆盖白莲产品质量检测的各个领域,形成较为完整的技术保障网络,基本能够满足广昌县白莲产业乃至整个农产品加工业发展的技术需求。

③建设任务

围绕实验室的研究领域和建设目标,主要建设常规理化检验、重金属检测、营养成分分析、土壤化学分析、农药残留分析等方面的实验室。实验室用房面积约 400 m^2,按照农产品质量安全分析实验室的建设规范要求,至少需要投资 1500 万元,主要用于购置常规检测分析仪器设备。

按照实验室的规划布局,需要建设样品储藏室两个(一个用于常温样品储藏,一个用于低温样品储藏),前处理室两个(无机前处理室和有机前处理室各一个),光谱实验室两个(用于元素和重金属的检测),色谱实验室两个(气相色谱室和液相色谱室各一个),分析天平室、试剂室、标准品室、感官评价室、微生物实验室、档案室、综合实验室等各一个。

(3)白莲产后处理与功能食品开发实验室

①研究领域

针对广昌白莲产业化过程中白莲产品加工的关键技术和市场需求,加强白莲产品储藏、保鲜和精深加工,加大白莲营养食品、精美菜品等领域的科学研究与技术开发。2011年的白莲产品开发主要以鲜莲子为主的传统产品,今后还要把荷叶、莲心、莲须、莲房、鲜藕带等附属资源综合开发利用,开发新一代具有抗氧化、防衰老、降糖、降血脂和降胆固醇等多种功效的复合型白莲功能食品,为广昌县白莲加工企业提供研究成果和技术服务,逐步引导广昌白莲从以初级产品加工为主的局面转向白莲产品综合开发的道路。

实验室以食品营养学、食品工艺学、农产品储藏保鲜和食品机械与设备等为基础,主要研究领域为白莲储藏与保鲜工艺、白莲功能食品研发和功能食品有效成分测定等。实验室的产品研发集中在菜品、饮品、功能食品 3 个主攻方向，与北京、上海、广州、南昌市的大型连锁餐饮集团合作推广以“广昌白莲”为原料的莲子八宝饭、冰糖莲子、糯米莲卷、莲子扣鸡、荷叶粉蒸肉等精品招牌菜肴，与广昌县境内的加工企业联合加工莲蓉、莲子饼干、莲芩面、白莲罐头、莲子汁、莲芯茶、莲薏茶、减肥茶、藕粉等系列产品，与纺织企业联合开发莲蓬、莲梗、莲叶、莲壳等制作染料、纤维、活性炭的加工工艺。

②建设目标

“十二五”期间，主要是规划、完成实验室的整体研究条件建设，争取在 2020 年前实验室以食品添加剂、软饮料、速溶茶、软胶囊等产品形式承载白莲的功效组分，开发新一代白莲食品。2020—2030 年，继续充实实验室条件建设，加强与国内外学术交流，不断提升科技创新能力，把实验室建设成为在国内外具有明显特色的从事白莲功能食品研究开发的江西省级重点开放性实验平台和学术交流中心，整体研究条件和学术水平处于省内领先水平，部分白莲产品的研发实力处于国内先进。

③建设任务

围绕实验室的研究领域和建设目标，需要重点建设白莲保鲜与加工技术、白莲营养与功能食品研究、白莲附属产品加工工程化技术、白莲产品包装技术等实验设施。此外，实验室的重点是培养、扩大和优化广昌白莲食品加工的科研队伍，与南昌大学、江南大学、中国农业大学等单位联合培养 2～3 名本所人员攻读在职研究生，作为实验室固定人员，同时聘请 3～4 名国内著名专家担任实验室客座研究员和学术委员会委员。

与南昌大学、江南大学等国内院校的重点食品实验室合作，采取委托研发、合作研发的形式，建立“广昌白莲食品研发中心”技术创新平台。实验室用房面积约 800 m^2，至少需要投资 1500 万元，主要用于建设现代化白莲储藏与保鲜设备设施和购置白莲食品加工机械设备。建成后的食品实验室拥有白莲低温冷藏库、高温杀菌设备、强制外循环式提取罐、真空包装机、微波萃取仪、超临界流体萃取仪、膜分离设备、高压均质机、自动控温杀菌机等各种食品加工试验设备，以本地白莲加工企业为依托建设符合“良好生产规范”(good manufacturing practice，GMP)认证标准的白莲功能食品中试基地。

(4)白莲天然活性物质与功能开发实验室

①研究领域

本实验室以白莲植物资源为主要研究对象，主要从事白莲资源综合开发利用、特色生物活性物质提取、保健食品及化妆品研发等技术与产品开发。莲子草属植物含有多种活性成分，具有抗菌、抗病毒等生物活性。例如，莲子芯中主要成分为异喹啉类生物碱，具有清心安神、交通心肾、涩精止血之功效。荷叶中含有生物碱、类黄酮、多酚、原花青素、氨基酸，可以用于生产补水保湿面膜、保湿乳、霜等化妆品。

本实验室今后将结合应用化学、生物工程和天然生物化学等多学科交叉融合的特点，利用现代生物化学技术手段，开展以白莲植物的基础研究、应用研究为主的深层次研究，紧密结合食品、医药和个人护理用品等行业领域的发展需求，重点对莲子植物中的三萜类、甾体类、黄酮类、生物碱和挥发油类等生物活性物质进行提取、分离、筛选、纯化与结构鉴定，开展安全性及保健功能评价及作用机理研究，进行白莲提取物及功效化妆品、保健品及其配方的开发测试与工艺流程设计，通过与中国药科大学、南昌大学等国内外著名高校，相宜本草等大型日用用品企业的联合研发，拓展白莲产品的研究领域，丰富研究内涵，延伸白莲的产品开发链，推动广昌白莲产业往高端化、精深化发展。

②建设目标

“十二五”期间，该实验室主要处于筹建阶段，通过委托研究和联合开发，确定白莲活性物质开发的主攻方向和主打产品。到 2020 年，争取完成实验室的硬件条件和人才队伍建设，进入江西省农业科技创新体系建设。2020—2030 年起开展自主性的白莲天然活性成分开发，并积极向省科技厅申请，争取被批准组建为江西省级重点工程技术研究中心。

③建设任务

围绕实验室的研究领域和建设目标，需要重点建设分离纯化、质量评价、仿生合成等实验条件。按照实验室的规划布局，建设白莲植物生物技术与工程、白莲天然产物化学、白莲活性物质评价与利用 3 个功能实验室。实验室用房面积约 500 m^2，至少需要投资 2500 万元，主要用于购置高效液相色谱仪、液质联用仪、气质联用仪、元素分析仪等仪器设备。

建成后的实验室将拥有高效液相色谱仪、液质联用仪、气质联用仪、透射电子显微镜、流式细胞分析系统、傅里叶红外光谱仪、超临界二氧化碳流体萃取装置、膜片钳系统、自动采集系统、全自动生化分析仪、杂交炉、原子吸收光谱仪、微波萃取机、高速逆流色谱仪、快速高效液相色谱分离、膜分离设备、大孔吸附树脂分离装置、高速离心机、真空旋转蒸发仪、真空离心浓缩仪、喷雾干燥机、真空冷冻干燥仪等成套的先进仪器设备。

(5)白莲收获机械及加工装备实验室

①研究领域

本实验室立足于白莲生产加工关键环节机械化技术的集成推广，引进推广与开发白莲收获机械化技术与设备、白莲资源综合利用机械化技术与设备，引进、示范和推广白莲产品规格化、标准化分级、保鲜、包装及贮存流通一体化技术，引进开发符合白莲产品特色急需的技术与机具，促进广昌白莲生产向全程机械化、标准化和产业化方向发展。

②建设目标

该实验室主要通过与本地企业、江西省农业机械研究所等机构建立联合实验室，申请国家科技星火计划项目等资助，研制莲子剥壳、去膜、通心、烘干等一体化机械装置，争取 2015 年前能够成功试产；2020—2030 年主要开展引进开发莲子、莲叶、莲梗、莲芯等深加工的配套设备。

③建设任务

围绕实验室的研究领域和建设目标，需要重点建设莲子剥壳机、莲子抛衣机、莲子开边机、莲子去芯机、莲子通芯机、挖藕机、洗藕机、莲子加工与包装机械、生产中试车间等实验条件。

按照实验室的规划布局，需要建设机械制图室、工程力学实验室、工程材料室、机原机零（机械原理与机械零件）实验室、液压室、创新设计室、金属工艺室等用房面积约 500 m^2 的装备实验室。至少需要投资 1500 万元，用于购置数控车床、动态力学分析仪、液压动力试验台等农业机械设备。同时，在广昌白莲科技园内规划建设一个白莲农机化新技术示范推广培训基地，进行各项农机化新技术、新机具引进试验、消化吸收、定型推广、培训交流。

第二节　白莲优质高效生产示范基地

白莲优质高效生产示范基地建设按照“高效、生态、观光”的发展要求，立足广昌白莲产业特色，重点建设白莲绿色食品、有机食品、地理标志品牌产品等规模化生产示范基地，通过大力推进白莲绿色食品（有机食品）生产和全过程质量控制，以试点示范带动规模发展，提升白莲产品效益的整体水平。

1. 发展方向

建设白莲优质高效生产示范基地，是深化广昌农业结构调整、提升白莲产品质量安全水平、发展高效生态白莲种植业的重要手段。本项目本着“政府引导，科技先行、重点发展、规模推进”的原则，立足广昌白莲产业特色，按照“高效、生态、观光”的现代农业发展要求，在全县范围内选择环境条件较好、生产规模较大、商品化程度高、生产过程规范的乡（镇）作为白莲绿色食品（有机食品）产地，通过科学规划、集成资源，大力推进白莲绿色食品（有机食品）生产和全过程质量控制，分批建设以村为单元的白莲绿色食品、有机食品、地理标志品牌产品的规模化生产示范基地，发展白莲生产重点村和白莲种植大户，发挥示范带动作用，推动全县白莲生产经营者增强农产品质量安全意识，积极改善农业生产环境，大力推进白莲绿色食品(有机食品)生产，全面实行品牌化营销，不断扩大品牌影响，提高绿色食品、有机食品在农产品认证中的影响力和带动力，提高农产品质量安全水平和市场竞争力，推动白莲产业又快又好发展。

以示范基地为依托，通过"公司＋基地＋农户"的发展模式，继续深化推广白莲立体种养推广体系建设，重点选择"太空莲"系列、广昌百叶莲等能体现广昌白莲传统特色新品种，普及"莲－泽泻"套种、"莲－烟"轮作技术，积极推行"莲－菜"套种模式与莲田养鱼、泥鳅、黄鳝等种养技术，指导莲农测土配方平衡施肥，通过发展"良种＋良法"的配套高产栽培技术，发展莲田套种泽泻、莲田套种水生蔬菜(水芹、空心菜)及莲田养殖泥鳅、黄鳝等大大提高农民科学种莲水平，使全县白莲生产走上优质、高产、高效的栽培管理模式上来，促进白莲生产上规模、上档次，带动白莲系列产品开发，形成莲乡特色经济，从而全面提高白莲生产综合经济效益，提高广昌白莲的市场占有率和竞争力。

通过项目建设，最终探索出一套完整的白莲有机栽培、立体种养的特色高效技术体系，并通过基地加以示范，带动广昌及周边邻县白莲的生产，并对我国福建、湖北、湖南等白莲产区产生较大技术辐射及示范作用。

2. 阶段目标

"十一五"期间，已经发展了绿色食品广昌白莲标准化生产基地 8 万亩，基本涵盖全县所有白莲产区，基地已通过农业部绿色食品发展中心的认证。在此基础上，至 2020 年，将建设完成白莲绿色食品原料供应的标准化示范重点基地 30 个，面积达到 20000 亩，初步建成 6 个 500 亩左右集中连片的标准化有机白莲生产示范基地村，全部通过国家有机农产品认证。2030 年，确保全县绿色白莲种植面积稳定在 12 万亩以上，白莲优良新品种应用 100%，通过示范基地带动，逐步把全县白莲平均单产提高到 120 kg/亩的水平。其中，绿色白莲标准化生产示范重点基地 50 个，绿色食品示范区面积占全县白莲种植的 40%；有机白莲种植生产示范基地 10 个，有机种植面积 1 万亩左右。

3. 建设内容

主要包括基地产地环境建设、标准化生产管理模式建设、基地生产组织建设、示范技术推广、标识管理重点建设内容(图 5-2)。

(1)完善基地的产地环境建设

分别按照《绿色食品》《有机产品》的国家标准要求，建立和恢复农业生态系统的生物多样性和良性循环，实现白莲种植业和养殖业平衡。通过开展田间工程建设，加强对农田灌溉水源及田间配套工程设施建设，完善供电、给排水管道、围墙、道路、污水处理设施、杀

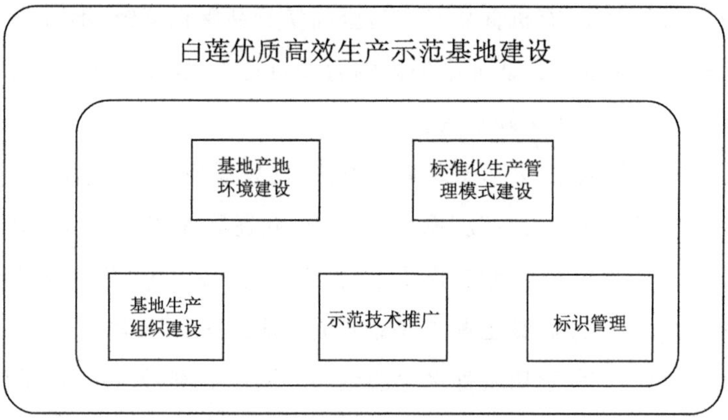

图 5-2　白莲优质高效生产示范基地建设内容示意图

虫灯、温室等基础设施配套，使示范基地道路完好，田地整齐，水利设施配套，设施设备配置先进，环境条件良好。并在不同基地之间设立自然或人工保护隔离带，防止工业“三废”污染和农业生产及人员生活污染，不断改善和提高白莲示范基地的产地环境质量。

(2)制定统一的白莲标准化生产管理模式

对所有的基地实行“统一优良品种、统一生产操作规程、统一投入品供应和使用、统一田间管理、统一收获”的“五统一”生产管理制度。首先建立标准化生产操作规程，根据绿色食品(有机食品)标准和规范的要求，结合本村实际，制定统一的生产操作规程，编制通俗易懂的操作手册、模式图，发到农户，指导生产。对不同的示范基地实行产地编码，对基地内实行地块管理，并绘制地域分布图和地块分布图，进行统一编号。建立内部质量监督管理制度，对各项标准的落实、投入品的使用等进行动态监督，推行白莲生产经营档案管理，并保存二年以上。每个基地配备相应的快速检测设施，实行每批次的产品质量自检，并有完整记录。

(3)组建绿色食品(有机食品)生产基地技术示范培训工作组

制定培训计划，定期对基地各有关生产管理人员、技术推广人员、营销人员进行绿色(有机)食品知识和技术培训。组织基地农户学习白莲绿色(有机)食品生产技术，保证每户农户至少有一名基本掌握绿色(有机)食品生产技术标准和操作规范的人，每个基地至少有一名绿色(有机)食品生产技术推广骨干。

(4)设立示范标志

示范基地应在显要位置设置标识牌，标明白莲绿色食品(有机食品)生产示范基地的名称、范围、面积、栽培品种(或套种模式、生产量)及主要技术措施和建设期等内容。

(5)引进与开发白莲立体种养新模式

在现有套种泽泻、套种晚稻的模式基础上，结合福建、湖南等地的经验，在示范基地内探索莲田套种空心菜、套种水芹、莲田养鱼、莲田养泥鳅、莲田养蟹、莲田养虾、莲鱼稻共生等立体种养新模式。

4. 建设规模

本项目建设投资 6000 万元，可以申请部分农业科技成果转化资金。项目全部完成后，建成广昌“太空莲”系列白莲绿色食品的标准化示范重点基地 48000 亩，有机白莲种植生产示范基地 1 万亩。

5. 建设布局

项目布局在驿前镇、头陂镇、盱江镇、甘竹镇 4 个镇，选择自然生态适宜、现有基础较好、建设条件成熟、建设积极性较高、示范辐射带动作用较大的连片种植 1000 亩以上的村作为生产示范基地((彩)图 5-3)。

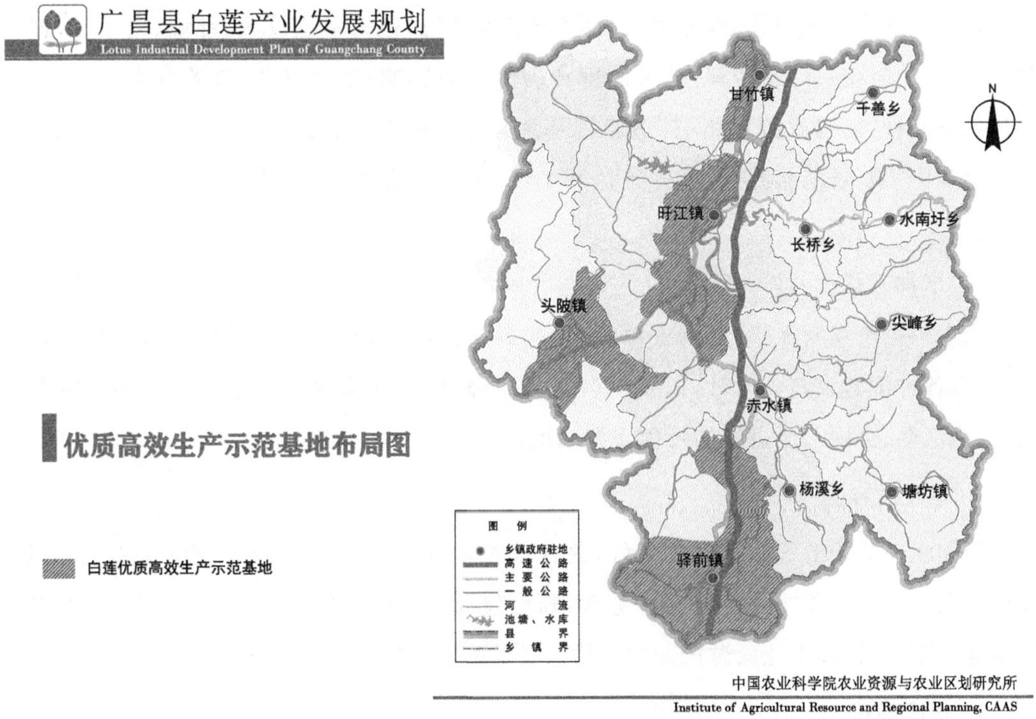

图 5-3 白莲优质高效生产示范基地建设布局

第三节　白莲文化传承教育旅游农业基地

1. 发展方向

中国有着五千年文明历史。莲文化是中国传统文化中的一支靓丽奇葩。莲文化博大精深、源远流长，且覆盖领域宽广。无论诗歌、绘画、音乐、舞蹈，还是日用器皿、工艺制品、建筑装饰、饮食、医药乃至佛教，到处可见莲文化的绚丽风采。莲文化从西汉至春秋战国时期的形成，到魏晋时期的发展，再到隋唐的兴盛，经历了一个漫长的历史发展过程，并在此过程中日臻完善，流传了很多如莲神七太子、巧莲与通芯白莲等优美的传说。广昌在如此丰厚的莲文化背景下，经过 1300 余年的沉淀，形成了独具特色的旅游资源，大力发展休闲农业，倾力打造成享誉世界的白莲文化旅游基地。

2. 阶段目标

(1)近期目标(2011—2020 年)

在广昌现有的条件下，继续优化旅游发展大环境，包括基础设施、环境、人才、管理等多个方面，同时统一广昌品牌，扩大品牌在国内外的影响；整合资源，继续开发旅游产品，增加旅游品种，拓宽旅游思路，打造影视基地一个，并积极打造莲花生态文化精品旅游。在此过程中不断规范旅游市场，完善监管制度，争取夯实基础、加快转变、提升水平、引领发展。

(2)中期目标(2021—2030 年)

未来根据市场新需求，挖掘资源潜力，拓展旅游产品开发的深度和广度，提高综合水平，完善各种配套设施。同时，树立广昌知名品牌，使其在国内外旅游市场上形成较大影响，成为江西、全国乃至世界的特色旅游基地。

3. 建设内容

根据现有的旅游资源基础和条件，改善设施装备条件，不断夯实农业发展物质基础。先期重点打造驿前莲花古镇核心游览区，陆续建成莲文化博物馆、莲佛文化中心、影视拍摄基地等项目，构成文化旅游产业的主体。其他配套设施分步建设，逐步完善。

4. 建设规模

根据旅游基地的规划要求，需建成驿前莲花古镇核心游览区、“莲文化博物馆”和“莲佛文化中心”。驿前荷花古镇核心游览区合计投资 5000 万元，其中完善基础设施建设投资 1000 万元，打造影视摄影基地一座，占地 1000 亩，投资 3000 万元，其他方面 1000 万元。

“莲文化博物馆”建筑面积20000 m²,由展示区、管理区和联结体3个部分组成,合计投资5000万元。“莲佛文化苑”占地面积100亩,由大型寺庙群、莲佛文化长廊、莲佛文化展馆和莲佛等标志性雕像组成,合计投资6000万元。白莲文化传承教育旅游农业基地,总计投资16000万元。

5. 建设布局

按照“资源整合、注重自然、以人为本”的旅游基地建设规划思路,旅游基地3个核心项目的具体建设布局情况如下:

(1)驿前莲花古镇核心游览区

①目标人群与市场定位

驿前莲花古镇核心游览区是广昌白莲旅游基地的核心,是休闲观光农业的一种表现形式,适合所有来广昌旅游的人群来此旅游,像家庭休闲游、单位商务游、朋友度假游等,同时,驿前莲花古镇核心游览区主要适宜在花期旅游,观赏莲花美景,感受莲乡风情,体验莲农生活,品尝莲地美食。

②建设目标与任务

在现有的姚西莲花和驿前古镇建设的基础上,完善基础设施、环境卫生、餐饮住宿条件等方面的情况。驿前莲花古镇核心游览区可以分为观赏区、体验区和影视摄影基地3个部分。

观赏区。收集天下百种精品荷花汇集于此,区内每个小空间中种植不同种类、不同高度、不同花期花色的荷花,形成多彩丰富的植物花园,营造“接天莲叶无穷碧,映日荷花别样红”的视觉美感。每种荷花前设置标牌和简介,使人们在感受百种荷花带来新奇的同时体会到学习的乐趣。

体验区。内设观荷阁、悦荷楼、荷花桥、荷花仙子雕塑等景观。游客还可以采摘新鲜的荷叶、莲花、莲子,参与通芯白莲和相关产品的简单制作过程。“微风摇紫叶,轻露拂朱房。中池所以绿,待我泛红光”。白莲银装素裹,碧降雪白里透红,佛座莲雍容华贵,娇容三变含情脉脉……荷花娇艳欲滴,荷叶摇曳多姿,微风拂面,送来阵阵荷香,鱼戏莲叶间,鸟翔荷塘上,形成鸟唱荷舞鱼游的天然美景。园里点缀的小桥流水、石桌木凳、画廊水榭、都会让人产生回归大自然的惬意感。同时在体验区内建设儿童乐园,儿童乐园是小孩子们的游戏场地,儿童乐园有小火车、碰碰车、卡通卡丁车等项目,为儿童提供了游戏娱乐的天地,同时为家长和孩子提供了互动的游戏平台,并提供拍照等服务,充分满足不同年龄阶段的游客需求,增加游玩项目,延长旅游时间。

观赏和体验的同时,在游览区内设有商业街和餐饮住宿区,为游客提供全方位的服务。商贸街主要销售莲产品、以莲为原料制作的各种产品、在游览过程中需要的各种旅游产品以及广昌特色的各种产品，使游客在观赏白莲美景的同时满载而归，精神、物质双重享受。

餐饮住宿区。主要为观荷的游客提供餐饮和住宿服务。食物以莲为原料，制作各类特色菜肴。建设水上餐厅，采用水上活动房、运输船、打桩建造等多种形式打造水上餐厅，使得形态各异的餐厅外观和构造形式也成为一道亮丽的风景。水上餐厅的设计使游客仿若置身莲海，在享受特色餐饮的同时，欣赏白莲美景，双重享受，无限惬意。住宿区按照莲农的生活方式进行设计，在房屋建筑和装修材料方面，尽量以莲为主题，体现当地特色。客房的顶部设计为观光台，主要进行白莲观光、莲海远眺、莲地摄影等。

餐厅设计时将严格遵循环保优先、集中排污的原则，保证餐厅在运营过程中产生的垃圾和污水得到妥善处理，杜绝对生态系统造成破坏，搞好生态建设，体现生态环保理念。

影视摄影基地。总投资 3000 万元，占地 1000 亩，结合广昌当地莲花、石屋、船屋等打造影视摄影基地一座，给相关电视剧、电影、纪录片等提供拍摄基地，同时开展影视基地一日游项目，花期与非花期游客均可旅游，增加了旅游品种，提高旅游收入。

古镇风情游览与莲特色相结合，在感受古镇历史文化的同时，加以莲文化与莲传说凝合，使游客如同行走在历史中的产莲小镇，感受莲的历史，体验莲农的生活。古镇按照其资源禀赋规划发展，建立“一村一品”，充分展现各镇特色。树立示范区、示范镇、示范村，使其辐射和带动周围地区、乡(镇)的旅游业发展，争取在未来 10～20 年，在其他乡(镇)也建立像驿前一样的莲花核心游览区。

(2)广昌莲文化博物馆

①目标人群与市场定位

广昌莲文化博物馆是展示莲文化的场所，是广昌莲文化旅游基地的核心组成部分，适合所有旅游人群，像学生科普游、家庭亲子游、特色文化游等，既丰富了游客的旅程，又传播了莲文化知识。同时，“莲文化”还可以和广昌“红色文化”“恐龙文化”相结合，增加旅游线路，开发旅游产品，花期与非花期均可旅游参观。

②建设目标与任务

建设广昌县莲文化博物馆一座，占地 30 亩，总投资 5000 万元，可同时容纳游客 5000 人，博物馆由展示区、管理区和联结体 3 部分组成。东侧局部两层的展示区包括莲花主展厅、4D 影院、报告厅、临时展厅和纪念品售卖处，西侧的科研管理区由白莲研究用房和管理用房构成；中部一层的联结体主要布置设备用房和卫生间等辅助房间，它也是展示区和科研管理区的联系通道。主展厅以标本和图片为载体，为游客展示多品种的莲花景观，采用实物、图片、视频及声光电各种形式全面直观地展示广昌白莲文化，进行科普教育等；环幕影厅，采取先进的影像手段，展现广昌白莲的美丽景观，创造一种身临其境的感觉，给游客以震撼的视听体验。

(3)广昌莲佛文化苑

①目标人群与市场定位

广昌莲佛文化苑是广昌白莲文化旅游基地的重要组成部分，适合所有旅游人群，花期与非花期均可旅游参观，还可与莲神庙会相结合，每年定期举办相关活动，如定期有特色戏剧演出，或者莲佛传说、莲神七太子等传说故事的表演，既丰富旅游项目，又增加旅游品种，完善旅游产品。

②建设目标与任务

建设莲佛文化苑一座，占地 100 亩，总投资 6000 万元，由大型寺庙群、莲佛文化长廊、莲佛文化展馆和莲佛等其他标志性雕像组成。大型寺庙群可根据莲佛情况进行建设，如文昌殿、元君殿、仁德阁等其他殿阁；莲佛文化长廊可在长廊壁上撰写莲佛文化和莲佛传说，并辅以彩绘壁画，图文并茂，生动展现莲佛文化；莲佛雕像和其他标志性雕像如“莲花宝座”“莲神七太子”石刻等是整个莲佛文化苑的中心，同时辅以莲佛文化展馆介绍，并与莲神庙会相结合，使游客在体验传统习俗与感受佛文化的同时，也深刻感受了解整个白莲文化。在莲佛文化苑中还可适当种植莲花、竹林、木棉等植物，莲花素来被佛教信徒视为圣物，认为它能启迪人们不为外物所役，“出淤泥而不染”。

(4)广昌白莲品牌宣传与旅游产业发展

每年举办国际莲花节，摄影比赛，白莲产品展销、产品推介活动及网络、电视等媒体广告、品牌宣传制作等投入“以奖代补”项目，白莲旅游线路周边环境综合治理等内容。争取 2011 年拍摄关于“通芯白莲”的电视剧 1 部，着重加大国际莲花节的宣传力度。一是在县城内的街道、广场、宾馆、办公场所等使用莲图形(图案)的物体，游客进入广昌如同进入莲的海洋，随处展现出莲之乡的特点，使游客流连忘返，回味无穷。二是利用媒体。广昌白莲文化旅游的主要客户群定位在广昌地区及周边各地市，稳定此部分客源后再放眼全国。在媒体推广方面，主要在江西地区投放，有以下 3 个方面：

平面媒体。主要向《中国国家地理》《户外》《摄影世界》等户外运动杂志、江西日报等进行投放。

户外媒体。通过在机场高速路边树立户外宣传广告牌；在南昌大型广场投放宣传材料；在南昌、广昌公交上制作车厢广告，进行宣传。

立体媒体。主要通过电视、网络和广播进行宣传。可以拍摄广昌的宣传片、在江西的交通广播、相关旅游网站进行宣传推介。

表 5-1 为广昌旅游文化基地规划建设项目详情。

另外，设计路线时充分考虑游客的心理、花期、非花期等因素，合理安排不同时期的旅游项目和游览路线，在规模上控制旅游时间的长短，集游览观光、体验学习、饮食、购物于一体。多开发周末游、中短假期游、学生科普游、季节特色游、非花期文化游等。

表 5-1　广昌旅游文化基地规划建设项目详情

项目		占地面积(亩)	个数	容纳人数(个)	建设地点
莲花游览园	观赏区	10000	3	15000	盱江镇、赤水镇、驿前镇
	体验区	3000	5	10000	盱江镇、头陂镇、赤水镇、驿前镇、甘竹镇
	儿童乐园	5	5	1000	盱江镇、头陂镇、赤水镇、驿前镇、甘竹镇
影视摄影基地		1000	1	6000	驿前镇
莲文化博物馆		30	1	5000	盱江镇
莲佛文化苑		100	1	5000	盱江镇
商贸街		10	5	10000	盱江镇、头陂镇、赤水镇、驿前镇、甘竹镇
水上餐厅		10	5	1500	盱江镇、头陂镇、赤水镇、驿前镇、甘竹镇
餐饮住宿区		100	5	2000	盱江镇、头陂镇、赤水镇、驿前镇、甘竹镇
管理区		2	5	100	盱江镇、头陂镇、赤水镇、驿前镇、甘竹镇

花期旅游线路(观赏莲花、体验莲花特色、购物、休闲)：莲花游览园—影视摄影基地—莲文化博物馆—莲佛文化中心—商贸街—水上餐厅。

非花期旅游线路(感受莲文化、丰富莲知识)：莲文化博物馆—莲佛文化中心—影视摄影基地—儿童乐园—商贸街—水上餐厅((彩)图 5-4)。

第四节　白莲产品(精深)加工基地

白莲产品(精深)加工基地主要以工业园内的加工企业为依托，通过企业自主研发、科企深度合作，突破制约白莲产业化生产经营的瓶颈；不断深化白莲产品的加工内涵，优化白莲产品生产结构，逐步由初加工向精深加工转变，延长白莲产业链条，延伸广昌白莲产业的价值增值链，积极培育龙头企业，最终把白莲加工业打造成为广昌国民经济最大的支柱性产业。

1. 发展方向

紧扣以白莲为主题、围绕“食品—菜品—日化品”为主线的“三品白莲”开发思路，建立具有规模化和产业优势的白莲产品精深加工基地，提升白莲产品的层次和内涵，有利于解

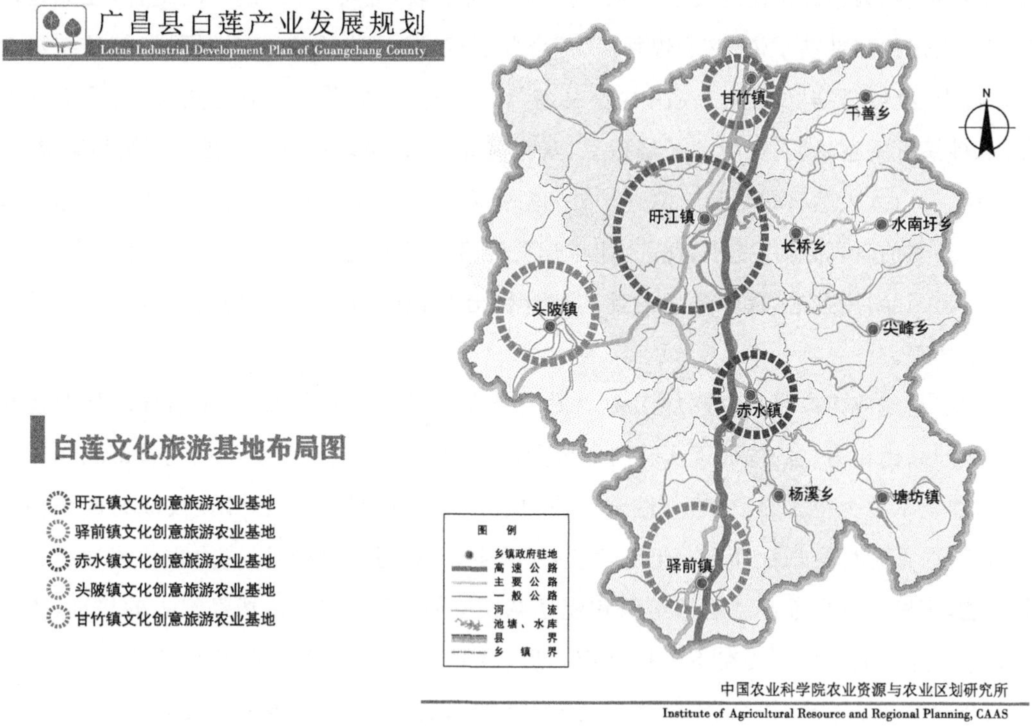

图 5-4　广昌旅游文化基地建设布局

决广昌白莲的产业结构战略性调整和升级。白莲精深加工基地以加工企业为依托，以延伸白莲产业链为目的，积极开发白莲功能食品的产品类型，稳步提高产品质量，精心打造绿色(有机)品牌，努力开拓中高端消费市场，注重培育龙头企业和市场中介组织，把发展白莲加工业与推进农业产业经营结合起来，提高白莲加工转化率和产品附加值，增加白莲后续效益，实现产加销、贸工农一体化的产业化经营格局。通过招商引资以及对境内现有企业的大力扶持，实现资源共享，利用市场、资金和管理优势提高整体水平，瞄准国内国际两个市场，实施品牌战略，重点培育一批规模大、起点高、带动能力强的白莲加工企业，形成一批在国内外市场具有重要影响的龙头企业和名牌产品。

针对广昌白莲产品精深加工的共性技术、关键技术和市场需求，加工基地应发挥孵化器的功能，引导入驻加工企业开展白莲产品储藏、保鲜和特色精深加工，主要集中在以下 3 个领域。

第一，白莲系列食品饮料。重点在传统干莲外，要突出发展速冻鲜莲、真空冻干鲜莲等品种；大力发展白莲饮料，如莲子汁、鲜莲汁、莲子麦片、速溶莲子粉等；开发罐头食品，如冰糖莲子、莲子八宝莲、鲜莲罐头等。

第二，贡莲美食特色菜品。以传统的江西菜谱为基础，融入莲子和荷花的元素，开发以“广昌贡莲”为招牌菜品的美食文化。产品系列采取“经典”+“特色”的组合，在完善已经广为人知的冰糖莲子粥、莲子银耳汤、百合莲子浆、猪肚莲子汤、双莲排骨汤等传统汤肴的基础上，继续研制以“溢齿留香、君爱白莲”风格为主题的莲子木耳红烧肉、百香荷叶叫花鸡、砂锅五香莲子鸭、火腿莲子烧猪手、双味荷花鱼、莲藕炖江鲢等广昌贡莲精品菜谱。

第三，白莲天然日化用品。除莲子外，莲芯、荷叶、莲花、莲花粉、莲花蜜等副产品也有较大的开发前景，如利用莲子、莲芯、莲花开发美容食品和化妆品，利用莲叶、莲子壳、莲芯开发生物药品，用莲芯、莲叶开发的莲芯荷叶保健品，利用荷叶开发的荷叶水性漆和荷叶素防水剂等。

加工基地应为广昌县白莲加工企业提供研究成果和技术服务，逐步引导广昌白莲从以初级产品销售为主的局面逐步转向白莲资源综合开发的道路。要尽快完善市场运作机制，以加工基地为主要力量，建立健全广昌白莲产业信息网，通过已经建设成型的广昌白莲协会、白莲经济合作社等专业组织，鼓励订单生产，推进产销衔接，大力强化流通综合服务功能，积极扶持白莲产品运销组织和流通队伍建设，大力加强市场经纪人的培训，不断壮大市场经纪人队伍。要在不断提高产品质量的基础上，登记注册、广泛宣传，通过组织加工企业参加展销会、博览会，以及选送参加各级评优活动等，提高知名度，打造广昌白莲品牌，增强市场竞争力，努力拓展广昌白莲产品的经营空间和开发领域。

2. 阶段目标

至 2020 年，建立规模以上白莲及系列产品深加工企业达 10 家以上，3 个省级以上白莲加工知名品牌，争创中国驰名商标 1 个，1 个省级高新技术企业，总产值 10 亿元以上，税收贡献 5000 万元以上。创建广昌白莲及系列绿色食品 10 个，有机食品 1 个。白莲深加工比例(二次以上加工的产品占其产量的比例)达到 40%以上。全面实施食品质量安全体系建设，推行“食品放心工程”和“国际标准化组织”(International Organization for Standardization，ISO)质量认证体系、“食品安全管理认证体系”危害分析关键控制点(hazard analysis and critical control point，HACCP)、“良好生产操作规范”(good manufacturing practice，GMP)等认证，加强对加工基地食品生产的质量安全管理。

2020—2030 年，加工基地入驻的白莲及系列产品深加工企业达 15 家以上，有 5 个省级以上白莲加工知名品牌，争创中国驰名商标 3 个，1 个国家级高新技术企业，2～3 个省级高新技术企业，总产值 50 亿元以上，上缴税收贡献近 3 亿元。广昌白莲及系列产品绿色食品 30 个，有机食品 5 个。白莲深加工比例(二次以上加工的产品占其产量的比例)达到 70%以上，形成以白莲加工业为主导、贸工农一体化的现代农业发展格局。

3. 建设内容

白莲精深加工基地以“三品白莲”系列为重点建设内容，按照“食品—菜品—日化品”循序渐进的开发思路，先期重点建设白莲系列食品饮料、贡莲美食特色菜品等两个产品线，白莲天然活性日化用品视条件分步建设(图 5-5)。

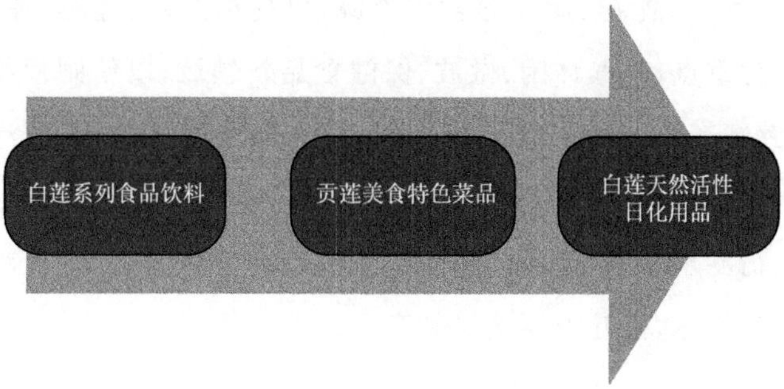

图 5-5　白莲精深加工产品开发基地建设示意图

4. 建设规模

白莲产品深加工基地第一期工程占地面积是 2000 亩，政府投资 5000 万元，用于基地的“三通一平”、基地交通和基地绿化的建设。

2011—2020 年，吸引县内外工商企业投资 4 亿元用于广昌白莲鲜莲食品深加工项目；投资 2 亿元用于荷叶茶以及其他相关饮料产品的生产线建设；投资 2 亿元用于白莲精品菜系以及广昌白莲主题餐厅建设。2020—2030 年，招商引资 8 亿元，用于白莲系列天然化妆品、保健品及其他生物制品的研发、中试和投产。白莲(精深)加工基地建设，总计投资 16 亿元。

5. 建设布局

白莲产品深加工基地的项目主要安排在广昌县工业园区内，其中白莲食品饮料产品系列整个生产链(生产、加工、包装和物流等)都设在工业园区内，贡莲特色精品菜、天然保健食品、化妆品和其他生物制品等项目视情况先期入驻研发和原料加工中心。

(1)白莲系列食品饮料加工项目

①加工方向

以提高白莲系列食品饮料产品创新能力为重点，加快鲜莲科技开发和成果转化，全面提高鲜莲系列产品的创新和储备能力；以生产绿色白莲产品为基点，加快速鲜莲产品生产基地建设步伐，实现标准化生产、规模化经营，培育名牌企业和产品；以扩大出口创汇为目标，加快白莲加工企业的技术创新和新产品开发，及早引领市场、创造市场进而占领市场。

重点发展鲜莲系列食品饮料，如速冻鲜莲、真空冻干鲜莲、莲子麦片、速溶莲子粉、莲子汁、莲子茶、莲花营养液、鲜莲汁、莲子乳饮料、蜂蜜莲子、莲子酒等；加强白莲罐头食品的开发，如冰糖莲子、莲子八宝莲、莲子罐头、莲子粥、莲藕羹等；除饮料、罐头食品外，进一步推进莲子糕、莲子脯、莲花粉、莲花蜜等产品的开发进程。

特色开发莲藕、莲芯、莲花、荷叶等食用资源，以提高莲藕、莲芯、莲花、荷叶等附属产品和资源的深加工为重点，开辟休闲、微波、保健食品新领域；以精制藕粉规模化生产为切入点，同时开发藕莲新产品，如鲜藕精、天然藕莲爽、莲藕汁、果肉莲藕汁、藕汁可乐、藕汁饮料、鲜藕红茶、咖啡藕粉、三七藕粉、藕粉拉皮、莲藕粉皮、藕肠等；重点发展荷叶保健食品，如荷叶保健茶、荷叶水晶茶、荷叶莲芯茶、荷叶露、荷叶醋、荷叶口香糖、荷叶豆腐、荷叶蛋糕、荷叶蛋卷、荷叶果冻、荷叶方便面等新产品。

②建设目标

以福建成启食品有限公司、广昌莲香食品有限公司和江西莲妹子食品经贸有限公司等龙头企业为基础，至 2020 年至少再引进 5 家国内大型食品加工企业，至少有 1 家基地企业通过省级高新技术企业资格认定；加快加工基地的基础条件建设，推广标准化生产加工技术，鼓励基地企业推行 ISO9000、“国际标准化组织”（International Organization for Standardization，ISO）质量管理体系认证、“食品安全管理体系认证”危害分析关键控制点（hazard analysis and critical control point，HACCP）、“良好生产操作规范”（good manufacturing practice，GMP）等质量管理体系，以莲子精深加工为主线，全面开发白莲系列食品饮料产品；从品质入手，提高产品质量和档次，全面增强广昌白莲综合竞争力，到 2030 年有 3 个省级以上白莲加工知名品牌，广昌白莲及系列产品绿色食品 30 个，有机食品 5 个，争创国家级高新技术企业 1 个，中国驰名商标 1～2 个，打造“世界第一莲子”产品名牌。

③建设任务

主要是完善生产速冻、冻干、饮料、罐头等系列鲜莲产品以及其他农产品加工的水源、电力和物流等基本条件建设，通过企业自筹和政策扶持等，支持加工基地内食品加工企业引进速冻莲子生产线、2 万 t 大型低温冷库、2 条 2 万 t 鲜莲罐头生产线、4 条 2 万 t 鲜莲汁生产线等工厂设备，支持现有企业考察和引进荷叶茶、莲子小食品、精深藕粉加工等生产工艺和设备。

(2)贡莲美食特色菜品开发项目

①开发方向

将广昌白莲菜品定位于贡莲精品菜系，以白莲为主题，通过总结整理广昌或抚州地方史志文化、故事传说、民俗风情等广昌地域特色，利用广昌乃至赣东南地区的土特产品、历史风物、饮食风味特点，把江西地方文化、人文景观、烹饪艺术与广昌白莲有机地结合起来，将莲子、藕粉、荷花等白莲特色菜系开发与野生小木耳、香菇、竹笋干、木槿花、山芋粉、野生小鱼干等其他江西地方特色农家菜等江西地方菜品进行融合与嫁接，在选料、技艺、装盘等方面都形成独具一格的莲子荷叶风格，通过适当借鉴湘菜、粤菜等外地的烹饪技法，创造出全新的广昌贡莲特色经典菜品品牌。

②建设目标

2011—2020年，研制出广昌贡莲菜谱，在广昌全县的餐饮企业推广经典白莲菜品，在县城建设1～2家高档次的贡莲主题餐厅，每年举办国际莲花节的同时，在广昌县和南昌市两地举办白莲美食周活动；2020—2030年，通过与北京、上海、广州等地的江西赣菜餐厅联合，在全国推广广昌贡莲特色经典菜品，让广昌白莲菜系成为消费者喜闻乐见的绿色健康食谱。

③建设任务

贡莲菜谱开发与品牌推广。利用广昌的文化特色，挖掘贡莲的餐饮主题，营造广昌白莲文化旅游饮食大餐。邀请省内外大型餐饮企业和国家级名厨共同研制出广昌贡莲菜谱及烹饪技术规程，完善冰糖莲子粥、莲子银耳汤、百合莲子浆、猪肚莲子汤、双莲排骨汤等传统经典菜品，研制以“溢齿留香、君爱白莲”风格为基调的莲子木耳红烧肉、百香荷叶叫花鸡、砂锅五香莲子鸭、火腿莲子烧猪手、双味荷花鱼、莲藕炖江鲢等为代表的广昌贡莲精品菜谱，将菜谱的推广与广昌白莲品牌设计、江西传统赣菜的新品扩展融为一体，在北京、上海、广州、南昌等大中城市的江西餐馆共同策划白莲饮食文化周活动，积极推广和培育广昌贡莲经典菜品的消费潮流。

广昌贡莲主题餐厅设计。在广昌县城建设1～2家高规格的、能容纳500人左右的贡莲特色主题餐厅，并在全县主要的接待餐馆每周都设计独具风味的贡莲主题包间，重点以经营广昌贡莲特色经典菜系为主，将菜谱印刷、餐具设计、餐厅装饰、服饰搭配等内容全方位融入白莲元素，形成集白莲美食品尝、诗词鉴赏、风俗体验、旅游购物于一体的饮食环境，努力打造清新古朴、天然恬静、人文浓郁的广昌贡莲特色餐饮风格，在江西省内外的机场、高速公路、公交站牌等地点，利用户外广告、动画、电视短片、手机报短信等多种形式，积极烘托和渲染“到广昌赏莲花、拜莲神、品贡莲、做爱莲君子”的旅游饮食文化消费新时尚。

(3)白莲天然日化用品研发项目

①研发方向

瞄准白莲植物中的天然活性物质为加工对象，研究开发以白莲为主题的天然保健品、化妆品及其他生物制品。荷叶、莲子、莲藕、莲芯、莲花中丰富的营养物质，如生物碱、类黄酮、挥发油、有机酸、皂苷、甾体、β—谷甾醇、胡萝卜苷、β一胡萝卜素、鞣质、维生素、多酚、原花青素、碳水化合物、脂质、蛋白质、多糖、氨基酸等。利用这些活性物质开发出来的日化用品，有着源自天然、无毒害的产品特性，将是今后日化用品的消费潮流。

②建设目标

2011—2020 年，主要以技术引进、委托研发和原料加工为主，引进 1 家国内外知名日化企业在广昌建立白莲原料加工中心。2020—2030 年，通过招商引资建立白莲日化用品研发中心，建立白莲生物产品加工线 1 条，争创中国驰名商标 1 个。

③建设任务

实行筑巢引凤策略，吸引上海相宜本草化妆品有限公司等一批国内外大型日化企业前来投资，入驻白莲加工基地内，与白莲产业工程技术研究中心联合建立研发基地和原料加工中心，利用莲花、莲芯荷叶、莲子和莲藕中生物碱、类黄酮等活性成分，进一步开发化妆品、保健品和生物制品，借助这些知名企业的品牌和渠道，扩大广昌白莲是“中国白莲之乡”在国内外的知名度。

积极与相宜本草化妆品有限公司、联合利华等知名企业联合研发，围绕莲花蕴含的 17 种氨基酸和 6 种矿物质，生产莲花高水分系列护肤品（包括莲花高水分眼膜、莲花高水分乳液、莲花高水分补湿液、莲花高水分洁面乳等 7 个单品）。利用莲芯天然的中草药成分，生产芯净自然净颜泡、芯净自然净妆洁面两用乳、芯净自然净肤保湿水等芯净自然净肤系列。

与上海中医药大学基础医学院、南昌大学和江南大学等国内院校的重点实验室合作，采取委托研发、合作研发的形式进行长期合作，形成在国内外知名的以白莲活性物质开发为特色的产品研发基地。支持和引导广昌县内纺织企业与北京师范大学、东华大学等加强合作，开发藕丝纤维，生产以藕丝纤维为主要材料的藕丝医疗手术缝合线、纱布、上血条、止血带等新型医用材料和敷料；将莲子的物理按摩功能和莲子的清凉药理功能结合在一起，开发出对颈椎病具有极好物理疗法作用的莲枕等保健产品。

(4)白莲副产品食用菌开发项目

①研发方向

莲的副产品莲壳、莲蓬、莲叶、莲杆富含多种营养元素，可作食用菌培养料，因此可利用莲副产品栽培凤尾菇、平菇、香菇、金针菇、灵芝、茶树菇等食用菌。莲副产品生料栽培食用菌技术目前在国内已经很成熟，生物效率在 100%左右，最高达 140%，具有较高的经济效益和推广应用价值。今后的研发方向是推广高档食用菌品种的栽培技术。

②建设目标

2011—2020年，主要以技术引进、推广为主，培养和引进2～3家食用菌开发公司在广昌建立白莲食用菌生产基地，通过“企业＋基地＋农户”的发展模式，带动莲农综合利用莲副产品栽培食用菌，全县年产量达1万t左右。2020—2030年，通过招商引资建立白莲食用菌保健食品研发基地，建立白莲食用菌加工线1条。

③建设任务

积极与中国农科院食用菌工程技术研究中心等单位建立合作关系，以食用菌开发公司为载体，以专业合作社为媒介，引进投资少、操作简单、见效快、经济效益高的家庭食用菌生产技术，培训莲农在室内外用袋栽、箱栽、床栽、畦栽等方法开展以莲副产品生料为基础的食用菌种植模式。食用菌保健食品的后续开发与白莲系列食品饮料加工项目紧密结合发展。

第五节　白莲良种与名优新品种繁育体系

白莲良种与名优新品种繁育体系建设以白莲育种科研为基础，以原种繁育场和良种育繁扩繁基地为建设重点，加大新品种的试验、展示与推广力度，扩大良种覆盖率，优化品种结构，积极申请白莲植物新品种保护，最终建立和完善广昌白莲的良种供应体系。

1. 发展方向

以白莲育种为基础，充分发挥广昌白莲科学研究所的育种优势，以项目合作为龙头，在白莲新品种、新资源、新方法的引进开发与推广应用等方面积极与中科院遗传发育所、北京师范大学低能核物理研究所、湖北省水生蔬菜科学研究所等单位开展联合攻关、协作推广，加快白莲良种与名优新品种繁育体系建设，熟化和推广航天育种、离子注入法育种、远缘杂交育种、地方名特优品种、分子生物育种等新成果，促进广昌白莲育种快出品种，多出品种，加快新品种普及推广，为广昌白莲产业的全面发展提供品种支持。

以原种繁育为核心，在白莲研究所的科研力量的基础上组建白莲新品种繁育与推广中心，进行白莲品种资源的收集、保存、评价、研究与利用，利用分子生物、离子注入、远缘杂交等各种先进技术进行新品种选育、繁制种技术研究、原种及良种的生产。同时坚持选育与引种并举，加快选育、引进适合贮运、加工的专用藕莲和子莲品种，充分挖掘泰国野生白莲资源和广昌本地特色资源，丰富子莲和藕莲的种类和品种。

以良种推广为重点，扩建完善广昌县莲花科技博览园，以白莲原种繁育基地、良种繁育基地、新品种展示示范区和莲种质量监督中心为核心，借助广昌县白莲协会和农民专业合作组织等社会力量，加大“太空莲”系列（“太空莲 36 号”）、京广 1 号、高抗腐病等新品种的试验、展示与开发力度，扩大白莲良种覆盖率，优化白莲品种结构，提高白莲单产和品质，全面实现广昌白莲品种的更新换代和产业的升级。

2. 阶段目标

至 2020 年，培育 1 个以上高产优质白莲新品种，10 个以上子莲花莲兼用新品种并获省级农作物新品种审（认）定，其中 3 个通过农业部植物新品种授权；在 10 个白莲生产重点村建立白莲良种繁育基地面积 5000 亩，每年繁育优质莲种 1500 万株，全县白莲良种化率达 95%以上。

2020—2030 年，培育 3～5 个抗腐败病的高产白莲新品种，15 个以上子莲花莲兼用新品种和 5 个以上加工专用的藕莲品种并获省级农作物新品种审（认）定，其中 5 个通过农业部植物新品种授权；通过扩大规模，形成 10000 亩高标准化生产能力较强的白莲良种繁育基地，全县白莲良种化率 100 %。

通过项目规划实施，使广昌县最终成为全国最大的白莲良种繁育核心区、新品种展示示范区、良种供应中心，形成由“品种选育—品种展示—繁育生产—质量检测—推广服务”等环节组成的完整的白莲良种繁育体系，整体提升广昌白莲良种繁育的综合竞争能力（图 5-6）。

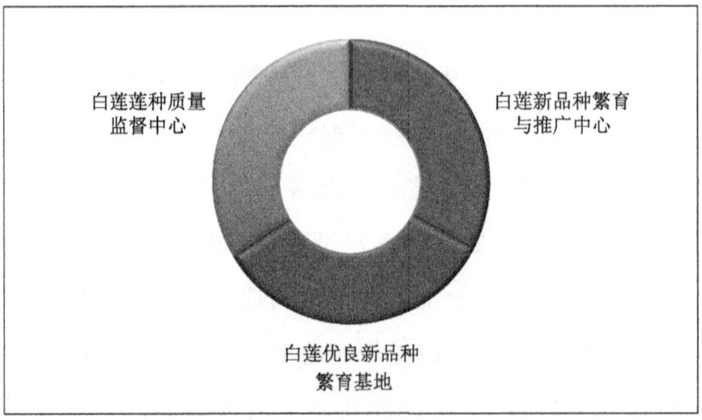

图 5-6　白莲良种繁育与科技创新体系重点建设项目示意图

3. 建设内容

（1）白莲新品种繁育与推广中心

以广昌白莲科技博览园为基础，建设莲种资源圃、原种繁育场、良种示范区等设施，通过资源保存、原种提纯复壮、杂交新组合配制、新品种展示，筛选出适合广昌县种植的优良新品种，并进行区域性的白莲新品种展示、示范、推广，因地制宜推广一批优质、高产、高效或专用的名特优白莲新品种。

(2)白莲优良新种繁育基地

在巩固现有的白莲良种繁育基地的基础上，加强土壤改良、温室建设及配套完善田间沟、渠、涵等灌排系统，建设田间道路，建设隔离防护带。采用基地＋农户的管理模式，在莲农自愿的基础上，在相对集中连片并严格隔离的种植区进一步扩大落实良种繁育面积，由白莲新品种繁育与推广中心的技术人员负责技术培训，探索快速组培快繁等技术，实行规模化标准化的良种繁育，增强供种保障能力建设。

(3)白莲莲种质量监督中心

加快制订白莲莲种质量的行业标准，结合现有的县级农作物种子质量监督检测力量，进一步购置仪器设备和培训检测人员，创建广昌县白莲莲种质量监督中心，逐步提升莲种质量检测检验能力建设，构建覆盖全县白莲良种繁育基地的莲种质量监督检验网络体系，确保广昌白莲生产用种质量安全。

4. 建设规模

项目总投资需要 3200 万元，包括建设标准化的白莲优良新品种繁育基地 1 万亩，需 1500 万元；建设白莲莲种质量监督中心，需要 500 万元；白莲新品种繁育与推广中心可以结合江西省白莲产业工程技术中心的建设，主要是增加育种经费投入，包括 30 个良种的育繁扩繁经费，需 1200 万元。

其中，良种繁育基地建设项目中的田间工程建设，可以与新增千亿斤粮食项目、小农重点县项目、农业综合开发、现代农业项目、土地整治等项目的田间建设有机衔接，整合项目资源，合理安排利用，集中投放在白莲良种繁育基地项目区内，或者把新增的白莲良种繁育基地安排在已经建成的项目区内。莲种质量监督检验能力建设，主要是建设中心检验室，包括温室、检验室、莲种样品低温储藏室、种子发芽室等，购置检验检测必备的仪器设备等。

5. 建设布局

白莲良种繁育基地主要在 206 国道沿线盱江镇、甘竹镇、赤水、头陂镇等乡(镇)，选择集中连片并严格隔离的村建立 10 个基地。白莲新品种繁育与推广中心主要建在广昌县白莲科学研究所，白莲莲种质量监督中心由广昌县白莲科学研究所与广昌县质量技术监督局、广昌县农业技术推广站等单位共建。

第六节　白莲栽培技术推广与社会化服务体系

栽培技术推广与社会化服务体系主要是建立以县乡两级农技推广人员为主力，以白莲专业经济合作组织为媒介，以县白莲局、县莲科所和乡（镇）农业服务站为依托，结合国家新型农民培训工程，健全广昌白莲的科技服务支撑体系。

1. 发展方向

强化白莲栽培技术推广能力建设，建立完善广昌白莲生产技术推广网络。积极发挥县、乡两级农技推广人员作为白莲标准化技术推广主力军的作用，在全县建立县有示范乡（镇）、乡（镇）有示范村、村有示范户的生产技术示范推广网络体系，加强白莲栽培技术服务与指导。积极开展技能培训，通过现场会、培训班和技术资料等形式，培育一批熟练掌握白莲栽培的技术能手。

推动白莲生产服务社会化体系建设，大力发展白莲专业经济合作组织。积极引导各级白莲协会、白莲经济合作社发挥技术与市场信息的优势，将莲农紧密联合起来，实现自我管理、自主经营、自负盈亏、自我发展，共同面对市场风险，共同参与市场经营，利益共享，风险共担，提高莲农在市场竞争中的地位，使农户在购买生产资料、技术、销售白莲产品时能够有效地维护自己的合法权益。

建立白莲科技人才培训的长效机制，加大对广昌白莲专业管理人才和技术人才的引进和培训力度，以县白莲局、县莲科所和乡（镇）农业服务站为依托，加强县乡白莲农技队伍建设，配备村级莲农技术员，建立健全白莲科技服务体系，通过农业科技信息入户的方式开展新型农民培训，切实加大绿色（有机）白莲生产加工实用技术的推广力度。支持龙头企业进行技术改造、基地改造及各种新技术、新品种的试验示范和对农民进行技术培训。

2. 阶段目标

至 2020 年，每年培训 30 个村 1200 户，形成 50 个重点村整村推进，全县培养白莲种植骨干农户 5000 人，培训普遍掌握绿色（有机）白莲、白莲套种、立体种养新技术的农户 4.5 万人；在白莲生产示范基地、良种繁育基地乡（镇）、村，指导基层农户和经营大户联合组建 30 家白莲专业合作社或其他形式的农民合作组织。完善广昌白莲农技推广网络建设，建设白莲惠农 110 技术咨询热线，推广白莲新品种、新技术 20 项，村级各类示范区 100 个。

2030 年，全县近 4 万莲农全部接受系统化的绿色（有机）白莲、白莲套种、立体种养新技术培训，组建 50 家白莲生产、加工和销售的专业合作社，直接联系农户 5000 余户，辐射农户 4 万户。建立白莲技术推广网，成为我县白莲种养新品种、新技术信息发布平台，为全县白莲产业发展提供技术信息支撑。

3. 建设内容

（1）建立健全白莲生产技术推广网络

依托县白莲产业发展局和县农业技术推广中心，建立健全县、乡、村和科技示范户四级白莲生产技术推广体系，负责广昌白莲新品种生产技术指导和立体种养技术的普及。将县白莲科学研究所整体转为全额拨款事业单位，解决白莲技术推广人员后顾之忧。每个乡（镇）农业综合服务站固定安排 1 名白莲专业技术人员，县乡财政将白莲技术推广支出列入县财政预算，解决科技推广工作费用。

（2）培育和发展多种类型的白莲专业合作社

鼓励和引导广昌白莲协会、科技特派员、合作社等新型农村服务模式，充分发挥中介组织作用，提高白莲行业自我管理、自我服务、自主经营、自求发展的能力，逐步形成市场化、专业化、社会化的白莲科技推广服务体系，促进白莲科技服务体系的整体发展。

（3）完善白莲科技培训体系建设

建立白莲技术推广网络课堂、白莲惠农 110 技术咨询热线、白莲生产加工实用技术手册于一体的白莲技术推广课程，通过进村入户办班、电视、录像多种形式的宣传，发放技术使用明白纸、配方卡、技术光盘等各类资料，每年开展 3～4 次培训活动，加大对白莲科技人才和新型莲农的培养力度。

4. 建设规模

总投资 1500 万元，包括建立 1 个白莲实用新技术培训中心，建立和完善 11 个以电视和网络为主体的远程培训基地，50 个莲农科技培训课堂，加强新品种、新技术、新成果的应用，发展 5000 户以上科技示范户，推进“科技入户”带动莲农增收致富。

5. 建设布局

依托广昌白莲协会和莲科所建立 1 个白莲实用新技术培训中心和搭建白莲惠农 110 技术咨询热线，依托广昌县信息中心建立白莲技术推广网络课堂，分别在驿前镇、头陂镇、盱江镇、甘竹乡 4 个乡（镇）建立科技示范综合基地，在全县 11 个乡（镇）分别建立远程培训基地，在良种繁育基地、生产示范基地选择 50 个项目村，依托莲农专业合作组织，建立莲农科技培训课堂（（彩）图 5-7）。

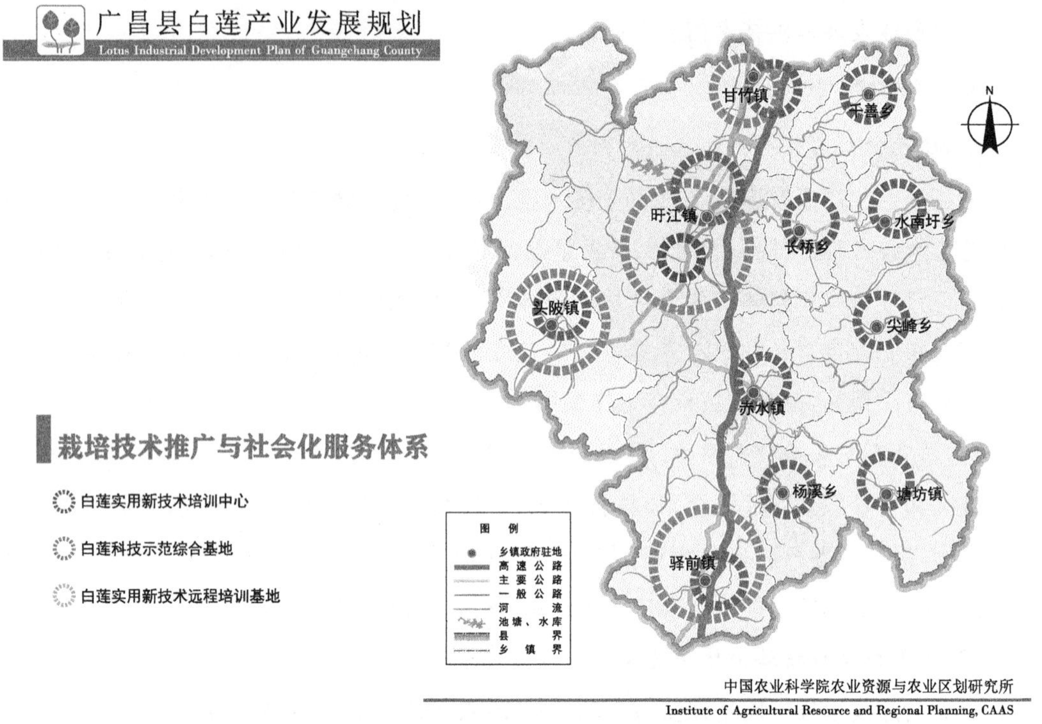

图 5-7　白莲栽培技术推广与社会化服务体系

第七节　白莲电子商务与市场流通体系

白莲电子商务与市场流通体系是维系广昌乃至全国白莲产品流通的主要显示平台，重点以广昌县现有的电子商务与流通体系为基础，结合新的平台建设与流通方式，通过10～20年发展，基本建成以电子商务流通为核心，集网上交易、一体化监管、维护等多种职能于一体的具有完善综合性的“白莲电子商务流通体系”。

1. 发展方向

广昌作为白莲中心产区，同时也是全国白莲集散中心，影响力辐射周边各产区县，素有“莲不过广昌不香”之说。该县建有全国第一家白莲专业市场，营业面积达 2.3 万 m^2，市场辐射周边建宁、石城、宁都、宜黄、南丰等白莲产区，年交易量 3200 t 以上，市场交易较为活跃。全县各类农工商经济联合体、专业协会、农产品购销公司及股份合作制企业等联结农户与市场的中介组织有一定规模。据统计，目前全县从事白莲贩销的各类民间组织近百个，有近 2000 户个体农户活跃在白莲运销领域，其中年销售白莲 5 万 kg 以上的大户 50

多户，销售白莲占全县总产量的80%。全县白莲商品率达95%以上。由于莲子贸易资金占用量大且市场波动幅度明显，近年来有不少白莲经销户转向其他行业，总体变化方向是从业人员减少，大户经营规模扩大，做大整合趋势明显。在白莲出口方面，以前多通过沿海客商转口贸易，近年随着本地经销商实力壮大，有莲香、莲峰等两家企业获得自营出口权。

2011年，广昌白莲交易行为主要是“产地收购－产地市场集散－销地市场集散－城乡商贩零售”的路径进行现货交易，不但耗时耗力，而且由于信息不对称，导致交易价格容易波动，具有不可预测性。而买卖双方的交易行为也主要在场外进行，缺少统一规范的市场和完善的监管体制。建议搭建广昌白莲电子商务平台，实现网络销售；重新规划建设广昌白莲大市场，规范广昌白莲商品交易，制定优惠政策，引导广昌白莲交易行为由目前的场外交易变为场内交易，创新农产品流通方式。充分利用现代信息技术手段，发展农产品电子商务等现代交易方式。探索建立生产与消费有效衔接、灵活多样的农产品产销模式，减少流通环节，降低流通成本，把广昌建设成全国莲产品的交易中心。

2. 阶段目标

(1)近期目标(2011—2020年)

首先，新建广昌白莲专业批发市场一座，加强市场基础设施建设，同时完善白莲产品市场流通体系，健全市场准入和检验检测制度，使得白莲产品市场流通渠道多样化、丰富化，从而使白莲产品在市场内交易。其次，搭建电子商务平台，实现网路销售，建设网上商城，引入网络推广模式，打造白莲产品流通信息平台；统一品牌管理，完善政府宏观调控和监管的职能；提高白莲产品附加值，延长白莲产品产业链，使一产业与二、三产业相结合；不断完善白莲产品出口促进机制，加大外资引进力度，引导外商投资。

(2)中期目标(2021—2030年)

健全电子商务平台，使产、购、销三者实现统一网络管理；拥有3～5家莲上市公司企业；打造出“广昌白莲”期货产品。

3. 建设内容

根据现有的基础条件和产业发展需求，先期重点建设广昌白莲专业批发市场一座，增加白莲专业合作组织，搭建电子商务平台，完善莲产品市场流通体系建设，构成电子商务和市场流通体系的主体，其他方面陆续建设，分步完成(图5-8)。

4. 建设规模

建设广昌白莲专业批发市场一座，总投资约1.8亿元，总占地150亩。其中包含散户

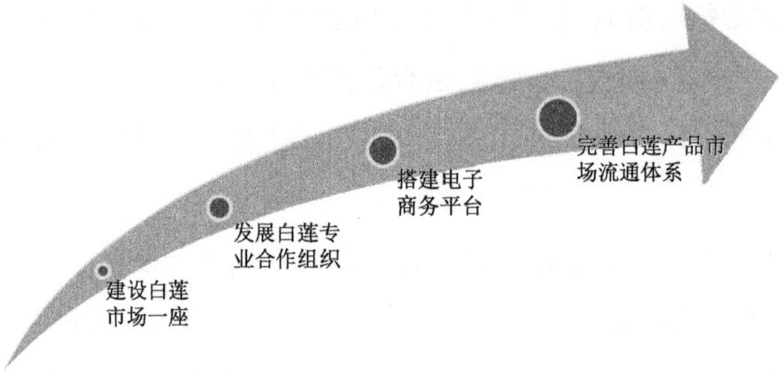

图 5-8　白莲栽培技术推广与社会化服务体系建设示意图

交易大棚 3000 m^2；门店总建筑面积 9 万 m^2(3 层)；集中仓储建筑面积 1 万 m^2；会展中心建筑面积 5000 m^2(含莲文化展馆、小型会展、市场管理用房、拍卖交易大厅)；会展中心小型广场 5000 m^2；停车场 30 亩；物流道路交通系统和绿化面积 30 亩，并辅以电子监控系统、产品质量检测设备及相关器材建设。搭建电子商务平台 1 个，总投资 500 万元。在未来 10～20 年建设农村经济合作组织 100 家，供销合作社 30 家，加工企业 50 家，龙头企业 18 家。白莲电子商务与市场流通体系建设，总计投资 18500 万元。

5. 建设布局

按照“稳定发展、转变方式、开拓创新”的电子商务平台与市场流通体系建设规划思路，项目的具体建设布局情况如下：

(1)广昌白莲市场

①建设目标

计划新建设广昌白莲专业批发市场一座，总投资约 1.8 亿元，广昌白莲批发市场是以白莲产地销售市场为主，并兼具白莲集散功能的批发市场。另外，广昌白莲批发市场建设中心是以白莲及白莲系列产品仓储、包装、销售为主，兼营茶树菇、香菇等其他产品；莲的工艺品、莲的字画等文化产品；以及小型会展功能和旅游观光功能的批发市场。完善配套建设相应的储藏设施，电子结算、检测及信息系统等设施；并出台相关政策，鼓励商户在白莲市场内进行白莲系列产品交易，减轻白莲流通税负，带旺白莲流通。对白莲市场不仅要建好硬件，更要完善软件，应适当减负税费，切实做好信息、金融、运输等服务，降低经营成本，把白莲产品进场交易综合成本降到与场外交易持平甚至更低，带旺市场人气。

根据 2012 年中央一号文件内容，充分完善农产品市场调控。准确把握国内外农产品市场变化，采取有针对性的调控措施，确保农产品有效供给和市场稳定，保持价格合理水平。市场建成后将辐射我国及东南亚并与国外白莲市场形成销售网络，是一个集交易集散中心、价格形成中心、信息传播中心为一体的全国最大的交易场所，集散、销售包括广昌和周边的石城、宁都、南丰、南城、宜黄、黎川，福建省建宁、建德、建鸥等地及我国其他子莲产区的通芯白莲产品。每年可销售白莲产品在 2 万～3 万 t，成为我国最大的通芯白莲集散、销售中心。同时市场还是具有理货、储藏、加工、配送、结算、科学管理和配套服务的现代化批发市场和物流基地。

②建设任务

围绕广昌白莲专业批发市场的建设要求，项目总投资规模 1.8 亿元，资金主要来源以政府投资和引进外资相结合，在市场管理和运行中实行谁投资、谁管理、谁受益的原则，由项目投资方对市场进行管理，并收取管理费用，实现可持续发展。白莲市场建设包括产品批发市场、产品零售市场、产品配送和产品仓储 4 个组成部分，是集集散功能、大型仓储功能、现代交易功能、主题会展功能、旅游功能、综合服务功能等为一体的综合性市场。白莲市场建立使得白莲交易通过白莲市场现代化物流及信息管理技术的应用，可以让市场管理和白莲产品交易实现规律很好地衔接，使之服务于白莲流通，确保广昌是全国乃至世界的白莲集散中心、价格形成中心和信息发布中心的地位。

项目布局地点：盱江镇。

(2)大力发展白莲专业合作组织

①建设目标

成立专项基金 1000 万元，专款专用，用于大力发展白莲专业合作组织，引导白莲协会、莲农协会上层次，在未来 10～20 年建设农村经济合作组织 100 家，供销合作社 30 家，加工企业 50 家，龙头企业 18 家，扶持供销合作社、农民专业合作社等发展联通城乡市场的双向流通网络，用龙头企业去带动市场，推进白莲市场发展。

②建设任务

通过白莲专业合作组织将莲农紧密联合起来，共同面对市场风险，共同参与市场经营，以雄厚的生产实力为后盾，提高莲农在市场竞争中的地位，使农户在购买生产资料、技术、销售白莲产品时能够有效地维护自己的合法权益，从而提高莲农的积极性。培育和支持新型农业社会化服务组织。通过政府订购、定向委托、招投标等方式，扶持农民专业合作社、供销合作社、专业技术协会、涉农企业等社会力量广泛参与农业产前、产中、产后服务。充分发挥农民专业合作社组织农民进入市场、应用先进技术、发展现代农业的积极作用，加大支持力度，加强辅导服务，推进示范社建设行动，促进农民专业合作社规范运行。另一方面，支持农民专业合作社兴办农产品加工企业或参股龙头企业，要积极完善龙头企业利益返还机制，大力推行订单生产、入股经营等方式组织生产，组建专业合作社、发挥莲农协会作用，提高莲农地位，保障莲农利益。

项目布局地点：盱江镇、头陂镇、赤水镇、驿前镇、甘竹镇。

(3)搭建电子商务平台

①建设目标

搭建电子商务平台一个，总投资500万元，前期投资100万元用于平台搭建，其余400万元陆续投入，用于平台完善与维护。平台搭建后可使莲农、白莲加工企业、消费者三方在平台上实现发布供求信息，订货及确认订货，支付过程及票据的签发、传送和接收，确定配送方案并监控配送过程等行为，及时全面了解白莲市场方面的相关信息，减少信息不对称造成的损失。平台主要体现在B2B(Business to Business)和B2C(Business to Customer)两种形式中的便利，它突破了时间和空间上的约束，利用此平台，使得供需双方不用谋面的情况下完成交易的各个方面。一是交易前的准备。这一阶段主要是指买卖双方和参加交易各方在签约前的准备活动。二是交易谈判和签订合同。这一阶段主要是指买卖双方对所有交易细节进行谈判，将双方磋商的结果以文件的形式确定下来，即以书面文件形式和电子文件形式签订贸易合同。三是办理交易进行前的手续。这一阶段主要是指买卖双方签订合同后到合同开始履行之前办理各种手续的过程。四是交易合同的履行和索赔。电子商务平台不仅提供网上交易和管理等全过程的服务，还具有广告宣传、咨询洽谈、网上订购、网上支付、电子账户、服务传递、意见征询、交易管理等各项功能，既方便了交易双方的交易活动，也便于政府部门监管交易行为。

②建设任务

建设白莲网上商城，莲农、加工企业均可在商城里面开设网上店铺，陈列宣传自己的产品，商城推广可借助淘宝客的推广模式。同时利用电子商务平台加大对广昌白莲的宣传力度，与白莲研发、旅游、加工等其他方面链接，全面反映广昌白莲信息，根据相关标准以及真伪验证功能，确保广昌白莲品质，进行品牌保护。建设完善中国莲业网，强化广昌白莲的网络宣传。

项目布局地点：盱江镇。

(4)完善白莲产品市场流通体系

健全市场准入和检验检测制度，不断完善白莲产品市场流通设施，加强农产品流通设施建设，使得白莲产品市场流通渠道丰富化、多样化。加快发展莲产品连锁配送物流中心，支持建立一体化冷链物流体系，加强产销衔接，扶持产地农产品收集、加工、包装、贮存等配套设施建设，提高组织化程度，建立质量安全可追溯系统，将有利于搞活白莲产品流通，减少流通环节、降低流通成本、提高市场流通效率，增加农民收入、保障白莲产品流通安全。同时延长白莲产业链条，使一产业与二、三产业相结合，集生产、加工、物流、销售、消费为一体，完善白莲市场信息体系，加大财政支持力度，做大做强白莲流通贸易龙头企业，从而更加全面壮大发展白莲产业。

第八节　白莲质量安全与产品追溯体系

质量安全与产品追溯体系建设，主要是通过建立广昌白莲的质量标准实施体系、质量安全实验与监督检测体系和质量安全信息网络公共平台，从白莲产品质量、项目工程质量、生态环境质量等方面着手，以白莲标准化生产示范基地为重点，加强白莲产品质量认证和地理标志使用管理，加大白莲产品的质量检测力度，健全完善广昌白莲质量安全的追溯体系。

1. 发展方向

坚持把塑造广昌白莲产品形象放在突出位置，以提高白莲质量、安全、卫生水平为目标，确保白莲产品的质量安全。力争在“十二五”期间广昌白莲质量迈上一个新的台阶，全面增强广昌白莲的市场竞争力。加快建立健全广昌白莲（绿色食品、有机食品、地理标志产品）质量标准体系、质量安全监督检测体系和质量安全信息网络公共平台，建立白莲质量等级标准，以白莲标准化生产示范基地为龙头，加强白莲有机产品质量认证和地理标志使用的规范化管理，完善白莲质量安全执法体系。

以“白莲产业工程技术研究中心”为依托，建立完善“广昌白莲产品质量综合检测中心”，建立乡（镇）、村级白莲质量安全联络员和信息员制度，以盱江镇、甘竹镇、赤水、头陂镇的白莲优质高效生产示范基地和广昌白莲批发市场质检站为重点，建立起覆盖全县所有产地的白莲质量安全体系，逐步开展“农药残留”“重金属”等项目检测，严防不合格白莲产品进入市场，毁坏广昌白莲声誉。尤其是广昌白莲产品质量检验检测中心，担负着全县白莲生产基地、市场及企业产品的质量安全监督与检测工作，要配齐具有相关专业知识和专业技能的技术人员，加大农药残留和重金属等相关检测设备购置、化验室建设等经费投入，完善检测手段，不断提高装备水平和技术能力，开展技术含量比较高、检测参数比较齐全的系统检测，以便通过省计量认证，开展白莲质量安全的动态监测，提高我县白莲产品市场竞争力，逐步实行市场准入制度，确保质量安全。

同时，建立和完善“广昌白莲质量安全与产品追溯”信息服务网络，将白莲质量安全信息作为农业市场信息体系的重要内容，及时向白莲生产、加工、经营和使用者提供质量、安全、标准、产地、市场等方面的信息，规范广昌白莲地理标志的使用管理，建立地理标志产品的强制检验制度。

2. 阶段目标

2020年前，加紧组建由质监、工商等部门参与，以白莲科学研究所为主体的“广昌白莲产品质量综合检测中心”，添置必要检验检测仪器设备，配齐检验检测专业技术人员，开展白莲产品质量的安全监测，负责对全县各类白莲产品的质量进行定期和不定期检测和监督。全县凡从事白莲产品生产和销售的企业或个体经营户，所生产的白莲产品须经白莲检测中心检验符合“广昌白莲”地理标志产品的国家标准要求后，才能上市销售。为提高检测中心实验室管理水平和检测能力，坚持以ISO/IEC17025等国际标准来规范实验室管理。争取在检测中心实验室建立的3年内通过*CNAS*的认可和国家计量认证评审。至2030年，检测中心实验室争取获得国家认证认可资质，如经济合作与发展组织（Organisation for Economic Co-operation and Development，OECD）的良好实验室规范（good laboratory practice，GLP）认证等。

2020年，巩固广昌白莲全国绿色食品标准化原料基地建设成果，全面实现广昌白莲绿色食品标准化生产。加强白莲生产环境保护，树立生态就是动力、生态就是效益、生态就是后劲的观念，优化白莲生产环境，对畜禽饲养物（禽苗孵化场）的粪便、下脚料等废弃物以及农产品的下脚料要进行无害化处理。加强科学使用农药化肥的指导与管理，推广应用高效、低毒、低残留农药、生物农药和易降解的农用薄膜，合理使用化肥，有效控制农业面源污染。按照绿色、有机农产品生产规程，通过质量安全体系建设，促进生产示范基地建设，加快有机食品的认证进程，扩大认证覆盖面，做好绿色、有机白莲生产基地和地理标志产品的管理工作，有机认证产品的市场占有率提高到30%以上。至2030年，有机认证产品的市场占有率提高到60%以上。

2020年，建设“广昌白莲质量安全与产品追溯”信息服务网络平台，加强白莲质量安全和可追溯性行政执法，严格执行农产品质量安全标准，规范农药、肥料等投入品的使用、限用、禁用的监督管理。严厉打击制售和使用假冒伪劣、禁用农业生产资料的违法行为，严厉打击白莲销售中掺假使假等行为。在全县范围内统一使用广昌白莲名称、商标及相关标志，统一广昌白莲包装，强化白莲产品品质保证，同时做到白莲质量的可追溯性。至2030年，广昌白莲产品100%实现产地追溯。

3. 建设内容

(1)白莲产品质量监测与追溯网络

①建设方向

通过信息网络平台建设，建立健全白莲质量安全监测体系，在生产示范基地、精深加工基地和交易市场建立监测网点，定期或不定期开展白莲产地环境、农业投入品和白莲产品质量安全状况的监测，全面、准确、及时地掌握当地白莲产品的质量安全状况，确保上市白莲质量安全符合广昌白莲国家标准和相关规范要求。按照国家法律法规，建立农业投入品禁用、限用公告制度。强化农业投入品市场的监督管理，严厉打击制售和使用假冒伪劣农业投入品行为，并深入开展以农药、重金属残留为重点的专项检查和整治活动。

②建设目标

建立完善的白莲质量监测检测体系和追溯网络，真正实现广昌白莲从“农田到餐桌”的全程质量管理。

③建设任务

信息网络平台建设。建立“广昌白莲质量安全与产品追溯系统”平台，在“广昌白莲产品质量检验检测中心”配置专用计算机、交换机、服务器等网络设备，购置 Windows SQL 数据库。建立白莲 EAN-UCC(物流信息标识和条码表示)标识追溯系统，在每个生产基地都配置数据采集器、标签打印机、贴标机、喷码机、IC 卡、射频卡、IC 卡读写器、射频卡读写器等专用设备。

检测技术支撑体系建设。结合白莲产业技术支撑体系建设，由白莲产业局和县质量技术监督局联合建立“广昌白莲产品质量综合检测中心”，围绕“产地环境—投入品—最终产品”等检测环节，配置离子光谱仪、气一质联用仪、气相色谱仪、高效液相色谱仪、原子吸收光谱仪、原子荧光光度计、紫外可见光度计、种子发芽室、PCR 扩增仪、凝胶成像分析系统等多台精密、快速、准确、实用仪器设备。

产品速测技术研制。推广速测技术，在广昌白莲生产示范基地、精深加工基地、批发市场、农贸市场等开展农药残留、重金属残留等有毒有害物质残留检测，利用“广昌白莲质量安全与产品追溯系统”平台，通过网络、电视、手机短信等方式及时公布检测结果，确保消费者的知情权和监督权，正面引导白莲安全生产和消费。

(2)白莲产品质量追溯制度和技术规程

①建设方向

建立完善的白莲产品质量例行检测制度、白莲质量安全生产技术规程和标准化生产体系，为质量安全控制和责任追溯提供制度保障。

②建设目标

围绕白莲产品的质量控制、标识管理、责任追溯等环节，最终建立一套技术规程、一个管理办法、一份承诺合同。

③建设任务

制定广昌白莲产品质量的技术规程。结合广昌白莲产业化、标准化进程，加快有关保障白莲质量的地方性法规建设及相关标准的制定，建立白莲生产和加工的质量控制技术规程，结合标准化生产示范基地和良种供应体系建设，推行白莲的标准化生产，净化产地环境，加大白莲产地环境监测力度，消灭无标生产，为白莲产品质量提供根本的保障。

制定广昌白莲地理标志产品标识使用管理办法。根据不同品种白莲的特点，积极推行产品分级包装上市和产地标识制度，对包装上市的白莲，要求符合《地理标志产品保护规定》中的有关规定。加大证明商标、地理标志产品、绿色食品标志的集中使用管理力度，逐步统一品牌、统一包装、统一商标。杜绝掺杂使假、熏磺掺水等不法经营行为，维护广昌莲农的合法权益。

建立质量追溯和责任承诺合同制度。推行“产地与销地”“莲农与莲商”的对接与互认，建立白莲质量安全承诺合同制度。在合同承诺书中明确约定保障白莲产品质量的义务和责任，按照从生产到销售的每一个环节可相互追查的原则，建立完善的白莲生产、经营记录制度、内部质量控制制度、环境质量控制规程，在全县范围内实现从白莲收购、生产、加工、包装、贮运、营销等全程质量安全的可追溯性。

4. 建设规模

“广昌白莲产品质量综合检测中心”将建成实验室面积约 400 m^2，按照农产品质量安全分析实验室的建设规范要求，至少需要投资 1500 万元，用于购置常规检测分析仪器设备。检测中心建成后，至 2020 年分析实验室可完成《广昌白莲》国家标准中白莲产品的感官指标、理化指标、农药残留和重金属的所有检测指标的测定，无公害白莲的抽查率达到 100％，绿色食品抽查率达到 80％，有机白莲产品的检测抽查率可达到 50％，白莲质量检测覆盖面积可达到全县全年种植面积的 80％以上，标志、标签等符合《地理标志产品保护规定》中的有关规定的白莲产品达 100％。

巩固广昌白莲全国绿色食品标准化原料基地建设成果，全面实现广昌白莲绿色食品标准化生产。适时适地开展有机白莲生产试验、试点、示范，逐步发展有机白莲生产，争取在 2020 年实现有机白莲生产示范基地 1 万亩。

5. 建设布局

按照“只建一个中心”的原则，整合资源，增强检测能力和检测水平，“广昌白莲产品质量综合检测中心”全面通过省级计量认证。90％以上乡（镇）建立检测室，对白莲产地开展农药残留速测；80％以上白莲产品生产规模企业、白莲批发市场建立速测室。在各乡、镇（村）生产基地、批发市场、农贸市场和超市设立白莲产品质量安全例行监测点 28 个，通过

"广昌白莲质量安全与产品追溯"信息平台实行白莲产品质量安全周检测制和公告制。

创建安全优质白莲专销网点，实施白莲地理标志标识管理，覆盖全县的白莲产地，特别是在白莲批发市场、农贸市场以及连锁超市，积极推进安全优质认证白莲的专销点（区）建设，对获得无公害食品、绿色食品、有机食品认证和经检测合格的白莲实行专销点（区）指定销售。

第六章 广昌县白莲品牌提升与市场营销策略

广昌白莲品牌的创立与成长是依靠广昌自身白莲从业者不断积淀，逐步累积奠定了其在全国业内的知名度。随着白莲产业自身实力的增强，广昌白莲已经步入品牌提升与品牌扩张的创新驱动发展阶段。今后白莲产业的发展需要加强市场营销战略方面，围绕特色子莲绿色化的目标，逐步将广昌白莲现代化产业体系打造成国家白莲产业核心区，乃至国际莲都。

第一节 广昌县白莲品牌竞争力的内在特质

1. 广昌县具备了国家白莲产业中心的雏形

广昌县已然形成了全国集中连片、规模最大的白莲产区，注册了“广昌白莲”通用商标，国家质检总局“地理标志”和农业农村部“农产品地理标志”，广昌白莲质量标准已上升为国家白莲产品标准，相比于广昌白莲快速发展的生产规模，广昌白莲日积月累形成的浓郁醇厚的独特人文优势与品质魅力并未能通过品牌形象充分宣传展示。满足于“广昌是白莲之乡”之名，地理标志、商标等知识产权保护体系尚未充分建立，广昌白莲产业的整体形象缺乏震撼力，并且围绕“广昌白莲”的品牌设计，白莲产业技术创新、管理创新、市场拓展、产业提升等诸多领域也还有潜力可挖。广昌白莲要承担促进和带动县域地区经济发展的使命，必须做大、做强，使广昌白莲产业成为国家级中心区域知名品牌，推动广昌白莲核心竞争力的提升。

2. “广昌白莲”品牌蕴含着深厚的文化底蕴

广昌白莲蕴含着丰富的地域文化内涵和地域文化底蕴，这些都是广昌白莲品牌软实力的支撑。广昌特有的“莲荷精神”“莲佛文化”与“敬奉莲神”的民俗传统，承载着深厚的白莲地域文化底蕴，尚有待进一步深度挖掘光大。广昌白莲品牌文化建设需要突出厚重的地域文化内涵，从而使其获得地区文化策略和文化情怀的强大支撑力。广昌白莲作为地域性的国家名贵原创品类资源之一，产品营销开拓空间不局限在内地市场上。在品牌形象塑造上，既要较多地呈现“本土特色”与“贡莲精品”的乡土原味，同时有待进一步引入健康时尚的国际化元素，加速“广昌白莲”成为国际品牌的进程。

3.“广昌白莲”品牌已具有较广泛的认知度

“广昌白莲”品牌某种程度上体现了白莲优势集中产区的地域符号，未来广昌白莲产业发展不能仅局限于子莲生产，而是要面向更广泛的不同群体或阶层的消费者需求更准确进行产业发展定位，而且标新立异进行白莲名优新系列产品的开发。美国著名品牌专家艾尔·里斯和杰克·特劳特指出：“定位并不是要你对产品做什么事……定位是你对未来的潜在消费者心智所下的功夫……”也就是把产品定位在未来潜在消费者的心中需求。在这里，里斯和特劳特强调了3点：一是定位是从消费者角度进行的；二是定位是在潜在消费者心目中确定一个合适的位置；三是定位并不需要改变产品。所以，不懂和不善于定位，而是从自身角度定位，结果不是定位不准就是越位或错位。白莲相对于粮油与“菜篮子”等大宗农产品，在城乡居民的日常生活中仍属于特色食品。广昌白莲品牌的创建、提升需要在以白莲为主题的“特色食品、经典菜品、时尚日化用品”产品线进行重点推广。最好的办法是标本兼治，既要治标，又要治本。首先要确保大手笔投入；其次是善于策划，使投入的有效资金花在刀刃上；最后还要注重媒体宣传，搞“轰动”效应，通过打“组合拳”增强实效性。

第二节　地域文化发展促进品牌提升

1.“广昌白莲”地域文化传承与发展

白莲文化是广昌县源远流长的一种地域文化精神传承。文化是一个国家、地区和民族的灵魂。在德语和英语中，文化(kultur/cultur)的本义是指“种植”和“培养”，并且与农业(agriculture)有着天然的联系。一种文化的生长和延续是缓慢的、持久的。特有的地域文化决定着一个国家和地区社会发展的潜力和品质。21世纪现代人的观念越来越清晰地认识到：无论是科技也好，还是政治、经济也好，其发生、发展和完善过程中都蕴含着丰富和微妙的文化因子。若不以文化作为底蕴，任何科技创新，政治变革和经济发展的生命力都将是短暂和脆弱的。因此，“广昌白莲”的地域文化精神传承在现代白莲产业优化和品牌提升过程中扮演着重要角色。

一个地方的文化总是与其特定的地方物产有关。这些物产往往凝结着大量的人文信息，千百年来血脉不断，为地方文化增添了许多鲜活、动人的记忆，连缀起地方文化中扯不断的丝线，广昌早在1300多年前的唐代就盛产白莲，广昌白莲文化已经渗透在人们居住的房屋建筑、生活饮食与祈求丰收的敬奉“莲神太子庙会”的民俗活动当中。1995年初，首批百家中国特产之乡命名暨宣传活动组委会在北京人民大会堂命名江西广昌县为“中国通芯白莲之乡”。广昌白莲特有的物产历史和民俗风情是活着的历史文化遗产。广昌白莲的地域文化传承与发展，一方面是要对许多莲文化遗址和文物的保存和延续传承，另一方面则要树立和宣扬广昌人普遍秉有的莲荷文化精神与“广昌白莲”的独特品牌。正如广昌甘竹“孟戏”流传五百年经久不衰，被称为“明代戏曲声腔的活化石”，而荣登国家首批非物质文化遗产一样，存在于日常生活之中而流传千年的“通芯白莲加工技艺与莲习俗”，以鲜活的方式延续和传承着广昌地域文化的精华，而得以荣登江西省非物质文化遗产目录。不应该仅局限于珍重广昌自己的文化遗产，而是广昌上下都要注重从自身的文化根基提取现代人需要的精神养分，理性地面对社会整体未来发展，不断发扬光大“广昌白莲”产业内在优势，为产业整体实力的增强与“广昌白莲”品牌形象的提升积累能量。1992 年以来，广昌连续举办了两届白莲节暨商品交易会；2001 年召开了中国(抚州)广昌莲花节，至 2006 年连续举办了六届中国广昌国际莲花节。规模越办越大的广昌国际莲花节，对于推广广昌白莲，扩大广昌白莲影响力，活跃白莲流通，起到了巨大的推动作用。同时，白莲文化内涵的延续传播也将“广昌白莲”这个实实在在的产业形象品牌展示给海内外的同行同业者，增强了“广昌白莲”品牌形象及其广昌白莲文化凝聚力的硬支撑。

2.“广昌白莲”品牌提升与价值理念塑造

广昌是一个独特的县级地域，其通闽、越、赣的地理区位，赋予广昌人丰富的农耕田园文化、盱水文化、商贸文化和军事战略文化。白莲的观赏、药用、保健、怡情、佛源等多重商品与文化性在广昌得到了最充分的发展，历经 1300 余年的产业发展，广昌白莲已是“满县花枝放呈祥”的人间仙境地，形成了全国规模最大的白莲生产种植基地，拥有国内子莲第一个地理标志产品、国内子莲第一个注册商标、全国第一个绿色食品标准化生产基地县等实至名归的品牌荣誉。这种已成格局的创新发展思路和模式，也需要构建适应时代变化、形成健康向上、催人奋进、积极进取的“广昌白莲”品牌价值取向。进而，树立和培养为全县人民所认同和践行的“广昌白莲品牌精神”，通过提炼和优化广昌传统独特的白莲文化资源，使之成为广昌发展地域文化及精神文明建设的宝贵资源，逐步培育开放包容、竞争合作、宽松大气、亲商利商、共赢求实、先舍后得等有利于广昌白莲产业发展的文化精神和价值理念。比如广昌城标的设计，广昌白莲博览园的建造，“中国广昌国际白莲文化艺术节”的全面提升和“广昌白莲”品牌的确立，广昌贡莲主题餐厅的室内设计，都要落实到一个核心概念“广昌白莲乃是莲中珍品”，并逐步让全世界都关注和认知“广昌白莲”的概念。

但“广昌白莲是莲中珍品”的品牌提升与文化价值理念塑造，不宜急于求大、求新、求全，尤其不能忙于别的大城市和成功经验攀比，而是要更注重呈现整体“广昌白莲”品牌文化建设的特色和细节特点，要使“广昌白莲”文化产品、文化服务与文化需求有效对接，设计上要真正体现广昌特有的白莲文化、历史与地域资源。这一切都要突出“广昌白莲”的巨大的品牌文化含金量，以及和现代时尚关联后发生的“广昌白莲”品牌增值和辐射效应。遵循市场经济的发展路线必须是远大的、无限的、前瞻的、创新的；品牌文化的发展路线必须是小的、独特的、有限的、合身的，在全县乡、镇、村的文化建设上，创建根基稳定的“广昌白莲”品牌及莲中珍品的价值理念与品牌认知，从而提升“广昌白莲”的品牌内涵与文化价值。

3.“广昌白莲”品牌提升战略与开发构想

走进广昌，感受到白莲产业发展的强劲气势。尤其是进入驿前古镇，雄浑壮美的武夷山横亘其东，源于广昌县南血木岭的抚河向北流至临川县石门，贯穿广昌南北名盱江，亦名汝水。驿前位于河流西岸，常年白莲种植面积近 2 万亩，占耕地面积 80%以上，几乎家家户户种莲。接天连叶的荷花汇集成驿前莲海。盛夏莲海在清晨的薄雾中，牧童吹着叶笛，耕牛于莲田埂边，男人穿着水裤在莲田中采摘莲蓬，大街小巷，村头村尾，男女老少剥莲，通心的场面处处可见。驿前镇区域内 60 多栋明清古建筑，有著名的船屋、石屋、奎壁莲辉，石雕、砖雕、木雕中的荷花图案等，刻画出一部浑然一体、精彩纷呈的“白莲史话”。沿盱水的甘竹、盱江、新安、赤水、驿前、头陂已形成了广昌独特的百里莲花带。品味广昌，贡莲之地，山有灵气，水有韵味，城有故事，均为“广昌白莲”品牌战略实施与创意产业开发奠定了坚实的基础。

(1)“广昌白莲”品牌战略设计

“广昌白莲”品牌战略需要规划设计一系列的实施行动，特别是注重较为薄弱的白莲生产种植之外的白莲产业体系中产品营销宣传方案的设计构建。要着重进行以下方面的工作：

①制作“广昌白莲”城市图腾地标

打造广昌白莲的图腾与雄心，定位于国内莲产业经济板块与国际莲都，要把广昌打造成比肩世界莲业及其他莲地的莲产业中心，还要有助于广昌城市功能扩展的现实需要，必须造就支撑广昌白莲主导产业发展，且闻名全国的城市图腾，犹如迪拜的哈利法塔，广昌的盱水河岸雁塔新区要考虑以国际化思路建设，结合广昌地域特色，探索广昌新城的新模式。将广昌白莲的图腾——以太空莲为主题的广昌白莲城市雕塑价值放大，成为向全国宣传展示广昌白莲品牌的标识见证。

②加大宣传“国际莲花节”

广昌“国际莲花节”到 2011 年为止已经成功举办了 6 期，宣传范围和影响地区都在逐步增加和扩大，在 2012 年“国际莲花节”开始之前，要加大宣传力度，提前宣传，利用各种传媒方式（报纸、电视、广播、杂志、户外、售点、网络等）进行大量广告宣传，吸引社会眼球，提高广昌“国际莲花节”的知名度，打造“到广昌赏莲花、拜莲神、品贡莲、做爱莲君子”的经典广告语，让大家想到看莲花就一定要到广昌，如同看牡丹就要到洛阳一样。

加大宣传“广昌白莲”品牌的目的是让消费者在心里对“广昌白莲”留下烙印，提高“广昌白莲”品牌的社会知名度，然后在后期通过举办以下相关方面的活动来加强“广昌白莲”品牌的提升与推广。除大型户外广告牌外，“广昌白莲”的品牌可以通过关键词网络搜索优化、百度、Google 排名等实施。

③举办广昌国际白莲高层论坛及商贸洽谈峰会

联合农业农村部、商务部、卫生健康委员会及国际商贸有关组织举行每年一届的“国际白莲原创品牌产品高峰论坛暨展销活动”，开发“会展经济”，并以此为依托，联系国内白莲的科研机构和种植业、加工业、商务流通业、信息业等行业、企业参加，组织国际范围的白莲品牌产品交易会。

④建设“广昌白莲”创意文化博览园区

建设“广昌白莲”原创产品文化主题博览馆、科技园，并开发“旅游经济”，除了原有的“广昌莲花科技博览园”的完善提升之外，还需开发头陂镇山下村白莲池芳迹地，惠安寺佛莲仙霞禅风、驿前镇莲池古风，姚西村白莲第一村等地的通芯白莲加工古风，神农本草莲养生街、通芯白莲美食文化街等体验观光引路，打出古朴遗风、养生休闲、餐饮美食、土特产品特色，拉动莲荷相关第三产业的发展。

⑤发展“广昌白莲”特色民俗戏剧与精品旅游节

在“十二五”期间，打造完善“广昌白莲”多功能特色民俗游产业，依托广昌县域与赤水镇大禾村莲神太子庙会的互动串连，将古朴民俗进行一系列完整而艺术的再现，将孟戏与现代文艺结合发展，将民俗文学与现代文学融合提炼，将广昌白莲与盱水文化在看、游、吃、购、住的系列服务中推向极致，真正按规划建设成城乡一体化的戏剧艺术的大观园和广昌白莲文化旅游的精品景观。

⑥挖掘广昌白莲科普教育与莲佛文化

“广昌白莲”品牌的创建提升，不只是一代从业者努力的目标，而且需要更年轻一代的从业人才。“广昌白莲”品牌战略的另一个重要内容是对幼儿及青少年的白莲科普教育与莲佛文化挖掘。通过乡土莲荷文化的科普宣传教育，使“广昌白莲”生产工艺与传统文化得到传承与发扬光大，并实现“广昌白莲”品牌的推广与竞争力提升。各乡（镇）需要在坚守自己的莲文化特色资源中，挖掘整理莲佛文化的传统民俗，并在未来产业发展中扮演好差异化格局的最佳角色，逐步形成莲佛创意的文化消费带，进而包装成富有新意的文化套餐，并以广昌白莲品牌形象为核心打造新的白莲文化产业链条，以莲佛文化创新为动力发展白莲创意文化产业，提升广昌白莲品牌文化实力及国内外影响力。

⑦利用“明星效应”，代言“广昌白莲”品牌

如今“明星效应”在品牌推广时的作用愈发明显，找明星代言品牌或者作为品牌的形象大使的情况更是屡见不鲜，像宁静作为自己故乡贵州的形象大使，这种代言对于整个品牌的推广是十分有用的，同时利用明星效应还可以制造新闻热点，吸引媒体关注，争取免费广告，扩大活动的影响面和受众面，从而取得宣传的效果。

除了上述方面以外，还可以举办或赞助相关活动提升品牌推广速度。例如，举办“同一首歌”“欢乐中国行魅力广昌”“寻宝—走进广昌”等活动来提高“广昌白莲”品牌的国内外知名度。

第三节　产业升级助推市场营销战略

1.“广昌白莲”产业开发构想

(1)“三化同步”提高产业化经营水平

广昌尚属国家级贫困县，经济基础薄弱依然困扰县域经济的发展。虽说广昌在经济建设发展的大趋势下，已经步入了提速的轨道，积聚了加速的能量。但是新农村建设的产业主体仍然是培育莲产业特色经济，打造广昌白莲支柱产业链不可忽视的基础之源。通过“广昌白莲产业发展规划”引导，以主城区为中心，以河东、雁塔等新城区为支撑，以甘竹、圩江、新安、赤水、驿前、头陂、百里莲花带中心城镇为节点，其他乡(镇)若干个中心村(新社区)为基础，形成城镇功能及城乡一体化的空间格局。在城乡规划、产业发展、基础设施、公共服务、社会保障、市场体系及基层党建等多方面推行“一体化”，将白莲产业与城乡融为一体，并在全县统筹规划白莲生产建设的过程中，逐步健全与完善现代白莲产建设体系，最后使“三化同步”落实到农业增产、农业增收的落脚点。

(2)延长产业链条，以整合促规模效应

广昌白莲现代产业体系作为新兴农业形态，具有明显的比较优势，县委提出了加快转变莲产业发展方式的要求，立足于广昌白莲“特色食品、经典菜品、时尚日化用品”的深加工思路，培育完整发达的现代白莲产业链，确保产业链的主体价值得以实现，并通过拉长和拓展，使生产链的质量和功能得以增强。整合的目的是使链环上的各个环节环环相扣，链环上的各利益主体要协同服务于共同的产业链，发挥出聚集效应，共同分享现代

化白莲产业体系的共同价值。按照“链条不乱，利益一致，优势互补，各尽其能，形成合力”的原则，抓紧抓好各个层面的试点项目建设，集中社会多渠道经费的支撑，集中力量办大事，由此实现白莲产业开发的规模效益。

(3)推行“广昌白莲”生产标准化

从白莲生产源头开始，扶持引进大集团公司，培育龙头企业，签订产品订单，连接农户与市场，实行白莲种植生产的标准化。从而把农户的田间地头变成企业第一车间，以工业的理念强化工农对接。作为白莲种植一条全程产业链，应该有一个共同的产业标准，莲子生产及附属产品产业链的延伸是以食品为主的发展空间，源头的质量关系到产品能否实现国际化的安全性、有效性和质量稳定性(同一性)。唯一的选择就是实施国家级 GAP 认证，在规模化和规范化的种植中，引申加工 GMP，进而有新品研发的 GLP 和《药物临床试验质量管理规范》(good clinical practice，GCP)及经营流通的产品供应规范(good supply practice，GSP)，由此引导出企业乃至产业的规范化、集约化、优质化的发展。同时，完善规范广昌白莲“地理标志”的使用管理，实行“统一标识、各有特色、整体推进”的集体商标战略。

在健全完善的整合机制下，莲农关注生产高品质的莲子，莲商则专注高效率的冷藏供应链，在包装和运输上不断创新，在信息的交流中延伸开发。莲农之间有着良好的同业合作，并主动发展与上下游相关产业的合作开发。

(4)理念创新，增强可持续发展

创意农业就是开发创新农产品的多种功能，“广昌白莲”的主要经济产品是莲子，但同时莲花、荷花、荷叶及其根茎等还有观赏、药用、保健、美容等多种功能。白莲生长到收获的数个月过程中，可以创意分解成一系列相对独立又相互联系的若干增值环节。因为不同创意开发的主体与功能不同，各个企业和农户可能在某一个开发创意中获得的经济效益也有变化。只有在互动影响、运作中使整条产业链的综合功能增强，创意农业产业才有利于各个环节的主体获得相对良好效益，并具备了远远大于个体之和的产业综合竞争力，使产量稳定的白莲产品能实现更多的价值增值，甚至最大限度的增值。这种创意农业首推提升强化“广昌白莲”品牌的创新因素，政府的着力点是科学谋划，引导上下凝结力量，落实白莲产业发展规划。

白莲产品创意开发的实施途径有两条，一是运用好产业科技动力和地域文化生产力。企业、农户要力求生产出能满足发展需求，适销对路，科技含量高的创意白莲及加工延伸产品，在提高效益增长贡献率的基础上，加强资源与文化的综合利用率，促进产业升级。二是通过加强产业链的管理，尤其是通过信息流带动物流与价值流，避免因结构性过剩，销售不畅引起白莲产品价格波动，从而稳定市场供求，规避价格风险。另外在物流链中，特别组织好分散经营的企业与农户的有机结合，从而形成风险共担，利益共享的经济共同体，减少交易环节，降低经营风险和交易费用，增强产品的市场竞争力。

2. "广昌白莲"市场营销战略

市场营销是指生产者为满足消费者或用户的需求而提供商品或劳务的整体营销活动。战略是一种思想、一种思维方法，也是一种分析工具和一种较长远且整体的计划或规划。

尽管目前中国经济面临增速放缓等一系列问题，但随着乡村振兴战略的实施与农业多功能性的全面开发，白莲产品与白莲产业的多功能在带给人们高端产品的同时，白莲相关的文化传承功能、休闲观光功能、地方民俗承载功能等也将进一步得到拓展。而且，中国经济发展过程中国际化越来越明显，广昌白莲属于消费和消费升级的产业领域，广昌白莲市场很大，只要做好新产品与市场开发拓展营销战略，产品品质再进一步提高，市场就会带给你更好的回馈。具体营销策略利用罗马世纪品牌金字塔进行分析（图 6-1）。

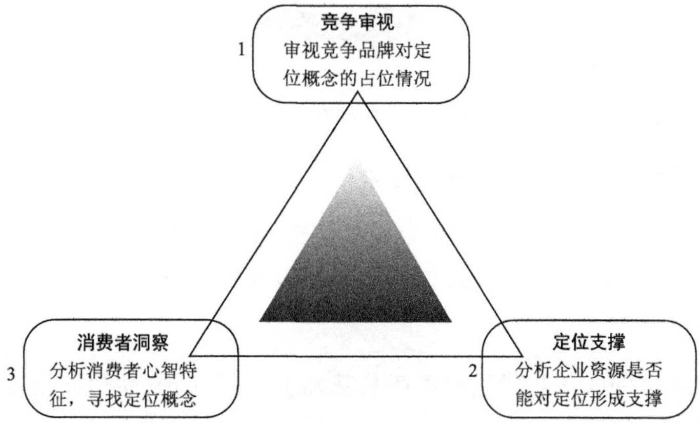

图 6-1　罗马世纪品牌金字塔

（借助 3C 模型（竞争、消费者、企业自身）分析得出罗马世纪品牌金字塔）

(1)白莲产品市场前景看好—竞争审视

传统的白莲主产品莲子的销售主要是应季鲜莲子和干莲子。从 2009—2011 年莲子行情来看，人工成本上升，子莲种植收益高于藕莲。子莲种植面积逐年上升，而且是既能产莲子又能抽藕带的太空子莲种植面积增长。但 2011 年干莲子产量上升，市场价格却是下跌的变化趋势，说明国内干莲子市场已经开始趋于饱和状态。而 2011 年鲜食莲子产量增加，市场价格也上涨，说明对鲜食莲子营养消费偏好的大众需求正在发生积极的变化，白莲系列加工产品市场还有开发潜力，虽然“广昌白莲”和其他莲类产品在市场中有一定的竞争，但是“广昌白莲”一直具有比较强的竞争优势，是莲市场上的佼佼者。

(2)“广昌白莲”品牌提升途径—自身定位

①品牌主张升级

打出“广昌白莲”品牌响亮的广告语，一个好的品牌口号是与消费者沟通的重要工具之一。广告语可是请专门的公司打造，或者通过有奖征集活动选取确定。广告内容可以参考“到广昌赏莲花、拜莲神、品贡莲、做爱莲君子”的主题思想。

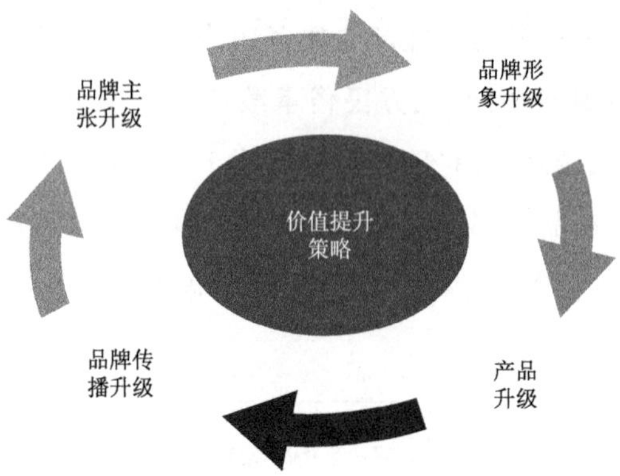

图 6-2　品牌提升途径

②品牌形象升级——塑造全新视觉形象

规范形象使用(LOGO 形象、产品形象等)，从功能和设计方式上，开发时尚化、高端化、商务消费礼品等多种类包装产品，创新开发拓展独特形象的“广昌白莲”。

③产品升级

从传统市场认可的大众化优质白莲产品基础上，开发拓展高档的白莲产品，由原来的单一功能产品，开发拓展具有多种功能的系列产品。如针对不同的细分市场和人群开发不同包装、规格的保鲜型鲜食莲子产品，针对儿童、孕妇、糖尿病人等特殊群体开发有针对性的功能产品，针对女性群体开发的天然白莲护肤用品，开发面向老少皆宜的特色经典白莲菜品等，用先进的技术优势丰富产品种类，健全产品市场。

④品牌传播升级

加强品牌宣传渠道升级，采取多种营销方式(开发式、体验式、智慧式、整合式)，完善终端形象店建设，通过店面、品牌形象物料、广告宣传等形式迅速提升“广昌白莲”品牌及其品牌理念在国内外的广泛认知度。

(3)给消费者一个购买的理由—消费者洞察

一种产品之所以形成品牌的根本就是与众不同，要让顾客愿意购买，并且坚持持续购买，确定品牌定位和提高品牌忠诚度是至关重要的。想顾客所想，了解顾客的购买心理，明确顾客的购买需求，确定产品本身定位，从功能、文化、理念、竞争、市场、技术等角度让“广昌白莲”成为社会公认和顾客接受的白莲产品品牌，保证在竞争中的绝对优势，提高品牌忠诚度，争取做世界的名牌。

总之，广昌白莲虽是千年贡莲，但影响力还有一定的局限性，在“广昌白莲”品牌提升与市场营销策略中仍需要5个突围：一是农业产品时代迈向“莲谷”时代；二是政府引导，项目带动，企业运作，举全县之力发展壮大白莲产业；三是坚持区域集群的创意开拓策略；四是确定绿色化的产业发展目标方向；五是逐步实现“广昌白莲”向“现代精品贡莲”的阶段飞跃。

第七章　广昌县白莲投资估算与效益分析

截至2010年，广昌县白莲种植面积已达8万亩，产量达600万kg以上。全县已建立起万亩白莲无公害生产示范基地、200余个白莲生产专业村，培育建成11个白莲绿色食品标准化生产示范基地，重点分布至盱江镇下兰、青桐、桥头等太空莲良种繁育专业村等。

第一节　白莲产业投资估算

广昌白莲产业发展规划实施建设总投资主要指固定资产投资，包括田间工程、土建工程投资、设备和安装及其他基本建设费用。前三项按实际可能发生额计算，其他基建费用按田间工程、土地建设和设备的10%取值。

广昌白莲产业发展规划实施建设项目需总投资22.12亿元，其中，白莲产业技术支撑体系建设总投资1.45亿元，占总投资的6.56%；白莲优质高效生产示范基地建设总投资0.60亿元，占总投资的2.71%；白莲文化传承教育旅游农业基地建设总投资1.60亿元，占总投资的7.23%；白莲产品(精深)加工基地建设总投资16.00亿元，占总投资的72.33%；白莲良种与名优新品种繁育体系建设总投资0.32亿元，占总投资的1.45%；栽培技术推广与社会化服务体系建设总投资0.15亿元，占总投资的0.68%；白莲电子商务与市场流通体系建设总投资1.85亿元，占总投资的8.36%；白莲质量安全与产品追溯体系建设总投资0.15亿元，占总投资的0.68%(表7-1)。

表7-1　白莲产业重点建设工程投资预算

重点工程	投资(亿元)	所占比例(%)
白莲产业技术支撑体系建设	1.45	6.56
白莲优质高效生产示范基地建设	0.60	2.71
白莲文化传承教育旅游农业基地建设	1.60	7.23
白莲产品(精深)加工基地建设	16.00	72.33

续表

重点工程	投资(亿元)	所占比例(%)
白莲良种与名优新品种繁育体系建设	0.32	1.45
栽培技术推广与社会化服务体系建设	0.15	0.68
白莲电子商务与市场流通体系建设	1.85	8.36
白莲质量安全与产品追溯体系建设	0.15	0.68
合计	22.12	100.00

第二节　白莲产业资金来源

资金来源包括招商引资、中央投资和地方投资。根据项目特点,招商引资、中央投资和地方投资的比例按照不同子工程有所区别,分别为:白莲精深加工基地建设中的 16 亿元加工企业投资为招商引资,占白莲产业重点建设工程投资的 72.33%。近期白莲产业重点建设工程余下的 6.12 亿元全部为政府投资,占总投资预算的 27.67%。其中公益性基础设施部分全部由中央投资,共需中央投资 3.06 亿元,占各级政府投资总额的 13.83%;其余部分为江西各级政府投资 3.06 亿元,占白莲产业重点建设工程政府投资的 13.83%。其中,地方投资又分为省、市、县三方投资,投资比例分别按 5.53%、5.53%、2.77%分配,即江西省政府投资 1.224 亿元,抚州市政府投资 1.224 亿元,广昌县政府投资 0.612 亿元(表 7-2)。

表 7-2　白莲产业重点建设工程投资来源渠道

资金来源	总投资	中央	江西省政府	抚州市政府	广昌县政府	招商引资
投资额(亿元)	22.12	3.06	1.224	1.224	0.612	16.00
比例(%)	100.00	13.83	5.53	5.53	2.77	72.33

第三节　白莲产业经济效益

1. 白莲种植直接经济效益显著

白莲产业已成为广昌县域经济的支柱产业和农民收入的主要来源。广昌已成为全国最大的白莲生产、科研、集散和价格形成中心，农民人均直接从中获得的纯收入达2000元以上，白莲产业收益占全县农民人均纯收入的40%以上。白莲产业让10万莲农奔上了致富快车道。2010年，广昌县白莲种植面积达8万亩，年产白莲超过600万kg，产销率达95%以上，每千克白莲以60元计算，仅白莲产业直接产值就超过3.6亿元。白莲精深加工、市场流通贸易与莲花旅游与相关产业发展带来的经济效益更为可观。

2. 荷花资源衍生出的养蜂业效益明显

白莲产业生发出了丰富的荷花资源，带动了养蜂业发展。广昌县的养蜂业已初具规模，百里荷花盛开的季节，沿206国道形成绵延百余里的荷花丛。养蜂户达600余户，蜜蜂约6000万只，一年可采集花粉约10万kg，养蜂户户均增收上万元。为提高白莲产量，曾用人工授粉提高白莲结果率，但人工授粉存在授粉不均、误工耗时等诸多弊端。于是，广昌县白莲产业发展局积极引导莲农发展养蜂业，运用蜜蜂授粉代替人工授粉。养蜂业的发展，使莲农用蜜蜂授粉代替了人工授粉，既节省了劳力、时间，又提高了白莲结果率，每亩白莲因此增产5 kg左右。

3. 莲花观光促进旅游业与莲农增收

据统计，2006年起每年一届的国际莲花节期间，全县接待国内外游客十余万人次，可实现旅游年收入达5000万元以上。姚西村村民姚建英利用自家的宅院，在村头办起的农家乐旅馆、餐馆生意红火，近年接待赏莲的游客都能为其带来三四万元的收入。以前，广昌农民种植白莲只卖莲子、卖莲芯，现在又养起了蜜蜂，卖起了花粉，卖起了荷叶，更搞起了莲花观光游。全县围绕“莲”产业做起了大文章，通过创新耕作制度与莲文化创意产业开发，全县白莲主导产业发展带来副业经济效益的大幅度提升。

4. 白莲加工与综合利用效益潜力巨大

除传统的莲子收益外，通过延长产业链条，对莲子、莲藕与荷叶的深加工，还可以实现白莲产业经济效益的进一步增长。为全面提升白莲产品综合附加值，广昌县政府大力支持龙头企业进行科技创新，开发出了荷叶茶、莲子汁、莲芯茶等系列产品，产品畅销北京、上海、广州等国内大中城市及欧美、东南亚地区。到“十五”期末，广昌已建立了国家级龙头企业昌顺集团，年产值21468万元，带动农户12.4万户；引进莲妹子食品公司投资2000万元，开发莲蓉食品；在驿前镇建立了一条年产100 t速冻鲜莲生产线，年产速冻鲜莲80～100 t，产值达100余万元；在莲副产品综合利用方面，“十五”期间，县里先后建立广昌莲藕食品加工厂等6家藕粉加工厂，年产精制藕粉超过1000 t，速溶藕粉超过300 t，年产值超过1000万元，成为我国最大的莲藕粉生产基地，产销量占全国的70%以上。干荷叶、莲花粉、莲壳等莲副产品开发也走上快速发展的轨道。

5. 白莲产业带动县域经济整体发展

近年来，广昌结合本地白莲特色产业，以“莲”为媒，做足“莲”文章，实现了产业发展、生态旅游和相关产业的全面发展。县里还进一步拓宽销售渠道，充分发挥“中国物流第一县”金字招牌的辐射功能，在北京、上海、广州、深圳等城市设立了1000余个广昌白莲销售窗口，与20余个国家和地区建立了长期贸易关系。广昌县白莲产业的发展，带动了运输、物流、销售、储藏等相关产业的快速发展，从而促进了县域经济整体实力的增强。

第四节　白莲产业社会效益

1. 白莲产业致富的扶贫开发示范性极强

从更高度视角来看，广昌县既是全国著名的通芯白莲之乡，同时也是国家扶贫开发工作重点县。如何发挥白莲这一传统产业优势，使其做大、做强，实现县域经济跨越式发展，对全国贫困地区的扶贫开发、脱贫致富会有极强的典型示范。广昌白莲产业发展经验，可以让尚在贫困线下挣扎的老少边穷地区的人们看到自己脱贫致富的愿景。

2. 白莲开发彰显“中国白莲之乡”与“世界莲都”风范

广昌已逐步确立了全国白莲集散中心、价格形成中心和信息发布中心的地位。广昌县已成功培育出“赣莲”系列、“太空莲”系列、“京广”系列白莲良种。特别是“太空莲”新品种比20世纪最好品种增产60%以上，是传统的百叶莲、白花莲产量的3倍。高产质优的太空莲种引来了湖北、浙江、安徽等省的众多客商争相抢购，1000多万株莲种远“嫁”全国各地。截至2010年，全国80%的白莲产区引种了广昌的太空莲种。几年来“太空莲”已累计在全国推广近500万亩，成为全国各子莲产区主栽品种，新增经济效益超过20亿元。

广昌县已建有全国第一家白莲专业市场，营业面积达2.3万m^2，市场辐射周边建宁、石城、宁都、宜黄、南丰等白莲产区，年交易量3200 t以上。全县从事白莲贩销的各类民间组织近百个，有近千户个体农户活跃在白莲运销领域，其中年销售白莲5万kg以上的大户50余户，销售白莲占全县总产量的80%，全县白莲商品率达95%以上。

3. 白莲科研和科技带动莲产业整体行业水平提升

早在1984年，广昌成立了全国第一家子莲科研专门机构——广昌县白莲科学研究所。近30年来，该所先后培育出“赣莲62”“太空莲”系列、“京广1号”等优质高产的白莲新品种惠及全国莲农。广昌县于2010年5月兴建广昌白莲科技博览园，于2011年初夏建成投入使用。该博览园以白莲科研为主题，集白莲生产、良种培育扩繁、莲文化展示、旅游观光、科普教育为一体的专类科技博览园。该博览园已有300余个莲花品种、50余个睡莲品种及一些黄莲品种。广昌白莲科技博览园的建成既可满足白莲科研要求，又能充分满足白莲生产和良种繁育的需要，体现广昌莲文化的历史渊源与独特魅力，兼顾莲花旅游观光和科普示范，成为全国一流的白莲专类博览园。广昌县莲花科技博览园的建设，为广昌县的白莲科研和展示提供了一个极好的平台，也为进一步推进白莲产业提档升级奠定了基础。

4. 白莲文化浓缩了区域文化特色品牌精髓

广昌通芯白莲加工技艺与莲习俗分别入选国家级和省级非物质文化遗产目录，以驿前莲花古镇和姚西竹林赏莲区为主打的县内莲花主题游产业蓬勃发展。特别是从2006年起，每年举办的国际莲花节，更成为广昌县向外展示的重要窗口。赤水镇太和村1000余年来代代相传下来的民俗文化特色品牌，即在莲花节那天举行“庆丰收、酬莲神”的莲神太子庙会活动。

每年农历六月二十四日被种莲的先人们定为“莲花生日”，习惯简称为“莲花节”。莲农们拉家带口在这一天都会参加莲神太子庙会，“酬莲神，祈福祉，庆丰收”，以感谢救危济困的七莲童，后被尊称为“莲神七太子”。而一年一度的“莲神太子庙会”亦是赤水镇及广昌县与周边地区的物资交流盛会，吸引了四乡八邻乃至闽、粤二省边境商贾、莲农近万人云集赤水，尽情赏莲、观花、购莲、品莲、观看文艺表演，整个圩场人群熙熙攘攘，商业贸易一片繁荣，莲神文化习俗催生了莲花旅游的兴起，开拓了广昌县白莲产业新的发展方向，也推动了当地经济的发展。

5. 多样化的专业合作方式提升了莲农组织化水平

基层协会逐步完善，莲农协会组织体系快速发展，通过多种经济成分、多种组织形式的专业合作方式，提高莲农、白莲产业的组织化程度和参与市场的一体化程度，在全县的白莲基地乡(镇)、村，建立了近20家白莲经济合作社或其他形式的农民合作组织，将广昌县白莲产业的组织化程度提高到了一个新水平，为白莲产业的现代化发展做好了组织准备。

第五节 白莲产业生态效益

1. 白莲产业集中国传统文化的三个文明于一体

人类社会的发展最初只是追求物质的极大丰富，即所谓的物质文明，也称为经济文明。当人类社会已普遍实现了这一目标后，才开始了对于生活较高层次的精神娱乐的追求，即是精神文明。只有当人们已经达到物质文明与精神文明双重境界之后，人们才意识到上述两种文明的基础是生态文明。人的一切物质满足与精神享受统统离不开生态环境的良性循环与天人一体的协调发展。莲(荷)花“出淤泥而不染”的自然美形态与文化品格寓意，会使身临其境的人们既陶醉于其中的生态文明之美，也在不知不觉中陶冶了自身性情，潜移默化地实现了精神文明境界的提升。

2.“太空莲”将生态文明之美传播到全国

广昌已成功培育出赣莲系列、太空莲系列、京广系列白莲良种，培育出的“太空莲”新品种比 20 世纪最好品种增产 60%以上，是传统的百叶莲、白花莲产量的 3 倍，已在全国范围内累计推广面积达 500 余万亩，成为全国各子莲产区主栽品种。广昌莲花从田间地头走向全国旅游胜地，已被中南海、北海公园、北京玉泉山风景区、杭州西湖、韶山毛主席故居、南戴河风景区等地引种，将莲(荷)自然之美撒向全国。

3. 莲花生态田园产业优势演化出生态文化优势

近年来，在培育和壮大白莲产业的同时，广昌县充分利用“太空莲”花高荷(叶)低、花多且花期长等特点和“百里莲花带”独特资源，以莲花田园自然生态美发展农业生态观光旅游，使种植白莲的农民看到了白莲这一特色产业的全新价值，找到了致富新路子。在培育和壮大白莲产业的同时，广昌县把白莲这一产业优势转化为资源优势，以“莲”文化的创意吸引游客。以每年一届的国际莲花节为契机，广昌县不断加大景区基础设施建设力度，拓展景区功能，提升景区品位，打造出了以原生态、集中成片为特色的姚西莲海景区和集白莲生产、良种培育扩繁、莲文化展示、旅游观光、科普教育为一体的莲花科技博览园赏莲区。

同时县旅游部门整合地方资源，设计优化旅游线路，推出了多条新、优、特精品路线和莲文化旅游套餐。接天莲叶无穷碧，映日荷花别样红。游弋于浩瀚莲海，体验别样的田园胜景，独具特色的莲花生态游让八方宾朋流连忘返。而且县里还不断加大宣传推介力度，邀请海内外媒体记者和摄影名家，通过采风、征文、比赛等形式，着力推介“中国夏季最美的田园风光”，提升广昌莲花生态游在业界的影响力和知名度。别具一格的“莲文化”旅游套餐，使游客不仅能欣赏到百里莲花的壮观美景，还能领略到博大精深的莲文化。每年盛夏，来自全国各地的摄影爱好者和游客前来观光，置身于蓝天、绿叶和花海之中，无不流连忘返。

总之，白莲产业拥有极高的综合效益。广昌县种植的8万亩白莲，不仅使莲农直接从白莲产业中获得纯收入的提高，而且还给10余万莲农及当地的城乡居民创造出一个人间天堂般的生产和生活环境。广昌白莲生态型农业的产业化发展，还带动当地莲花生态观光旅游的兴起。白莲产业不仅给广昌人带来了丰厚的经济收入和巨大的社会效益，同时创出了惊人的生态效益。

第八章　广昌县白莲产业发展保障措施

(一)制定配套政策,完善白莲产业发展政策环境

以《广昌白莲产业发展规划》为基础,构建完整的政策体系,完善白莲产业发展的政策环境,是落实《规划》内容,实现规划目标的基本保证。

《广昌白莲产业发展规划》经专家论证后,建议提交县人民代表大会审议通过,形成约束性指导文件,并由县委、县政府出台与《广昌白莲产业发展规划》相配套的相关政策文件,如《加快广昌白莲产业发展的意见》《广昌白莲品牌战略实施意见》《广昌白莲名称标志使用管理办法》等。

1. 产业管理与市场管理政策

加强产业结构调整和系列产品开发。促进莲产品的区域化布局、产业化经营、标准化生产和市场化发展。

加大对白莲销售市场进行监督管理,强化证明商标、地理标志产品、绿色食品标志的使用管理力度,逐步统一品牌、统一包装、统一商标。杜绝掺杂使假、熏磺掺水等不法经营行为。

2. 科技创新与技术推广政策

大力实施科技兴莲战略,构建有利于科技创新和技术推广的政策框架,努力营造支持创新、激励创新、保护创新的良好氛围和环境。要把依靠科技进步、提高科技含量作为加快白莲产业发展的一项根本性措施紧抓不放。积极构建白莲科技创新体系和技术推广体系,抢占白莲科技制高点,努力提高白莲产品的科技含量。抓好白莲新品种、新技术的推广,搞好白莲科技示范基地建设,坚持高标准、严要求,实现规模管理和新成果、新技术的最佳组合,在高产优质高效和产供销一体化方面发挥好示范带动作用。

3. 招商引资与招商引智政策

招商引资是促进白莲产业发展的一个重要融资途径,应当制定各种更加优惠的政策,推动白莲产业的招商引资工作。

积极引进、培养科技创新型人才和经营管理人才;努力营造良好的人才成长环境,在

分配机制、职称晋升用人制度、培训等方面予以政策倾斜，调动白莲科技工作人员和经营管理人才的积极性，提升业务素质和创新能力。

切实加强与高等院校、科研院所科研合作，积极开展借脑引智，提升广昌白莲产业化发展的产品研发水平和产业管理水平。对引进的全日制博士生、硕士生，一次性给予安家补贴。

(二)健全管理机构，加强白莲产业规划实施领导

1. 成立白莲产业发展领导小组

为加强《规划》实施的领导，建议成立广昌白莲产业发展领导小组，县长任组长，分管副县长任副组长，县直有关部门领导为成员，领导小组下设办公室，挂靠白莲产业发展局，局长兼任办公室主任。

2. 扩编白莲产业管理人员队伍

白莲产业发展局工作人员少，而工作头绪很多，建议扩充现有的研究管理机构编制，充实和完善白莲产、学、研人才队伍；在广昌县白莲产业发展局下增设白莲技术推广部门，或者在广昌白莲科学研究所内，增加编制和经费，增设专门白莲技术推广机构；成立县莲农协会，对全县白莲生产实行全生产过程的质量控制和经营管理。

3. 组建白莲市场综合执法机构

比如组建广昌县白莲综合执法办公室，挂靠县质监局，从农业、工商、质监、公安等部门抽调人员，常年从事白莲生产、加工、销售等环节的综合执法，同时兼管广昌白莲品牌战略的组织实施。

(三)加大资金投入，保障白莲产业发展项目实施

1. 加大财政资金投入

持续加大广昌白莲产业发展的资金投入，确保增量和比例均有提高，保证财政白莲科技投入增幅明显高于财政经常性收入增幅。县本级财政每年安排白莲产业发展资金1000万元，用于科研、人才引进和奖励、良种繁育基地建设、白莲种植保险补贴、重点项目的相关基础设施建设、品牌建设与市场建设的补贴与奖励、白莲系列产品加工重点项目的补贴与奖励等。

同时，加大基础设施建设投资。整合涉农部门资金，按照“统筹规划、相对集中、用途不变、渠道不乱、各负其责”的原则，合理安排资金用于白莲产区基础设施建设，改善

白莲生产条件。

2. 促进信贷资金投入

一方面,各商业银行加大信贷支持白莲产业的力度,重点支持种植大户、生产资料经销大户、白莲营销大户、白莲重点加工企业。另一方面,要积极创造条件,促进信贷资金投向白莲产业。如提供担保,规范抵押登记机构、手续与收费管理,针对中小企业建立小额贷款扶持机制,推动银企合作等,加强贷款使用管理,健全金融生态环境,稳定金融投入。

3. 鼓励社会资金投入

鼓励社会资金投入白莲产业,多渠道筹措资金投入白莲产业发展。制定优惠政策,采用股份制等多种形式,积极鼓励引导社会闲散资金投入白莲产业。

4. 争取上级资金投入

围绕白莲重点建设项目,积极跑项目争资金,争取更多的上级资金投入白莲产业。

广昌是一个贫困县,发展白莲产业除了增加县级财政支持力度外,更要加大上级财政支持的争取力度。以发展广昌白莲产业需求为依据,通过分拆、重组,积极包装有关项目,如农业科技示范园建设项目、科技富民强县项目、"县为单位,整合资金,连片开发,整村推进"项目等,以项目为载体,积极争取上级有关部门,如产业管理部门、科技管理部门、财政部门、发改委等,给予财政经费支持。

(四)推动科技创新,提升白莲产业核心竞争能力

1. 加快建设白莲科技创新平台

把白莲科技摆在更加突出位置,充分抓住国家全面部署农业科技、大力促进种业发展的良好历史机遇,依托现有白莲科研所,成立广昌白莲科学研究院,建立包括"白莲种质资源创新与分子育种""白莲产品理化分析""白莲采后处理与功能食品开发""白莲天然活性物质与功能开发""白莲收获机械及加工装备"五大核心研究所,人员编制上要优先保障。

尽快筹集资金建设白莲科研大楼,及时配套各种实验室仪器设备。组织实施科技攻关,尽快在新品种选育、病害防治技术、去皮通心加工设备、生物食品、生物医药、分析检测等领域取得突破和进展。加快省级莲产业工程技术中心和省级重点实验室的创建步伐。

2. 加快建设白莲技术推广体系

在乡(镇)一级增拨专门经费、安排专职人员开展白莲技术推广工作,建立完善的广昌白莲技术推广网络。积极发挥县、乡两级农技推广人员作为白莲标准化技术推广主力军的作用,在全县建立县有示范乡(镇)、乡(镇)有示范村、村有示范户的生产技术示范推广

网络体系。

发挥龙头企业科技创新和技术推广主体作用。鼓励和引导龙头企业增加研发投入，将目前以政府投入为主转变到以企业投入为主，逐步建立以政府投入为导向、龙头企业为主体、社会投入为补充的多元化投入制度。积极构建以龙头企业为主体、产学研相结合的新型白莲科技创新体系。鼓励和支持龙头企业自办或与高等院校、科研院所合作共建研究开发机构。

3. 加快建设白莲良种繁育体系

围绕良种繁育基地建设和良种发育体系建设，构建白莲产前、产中、产后的技术服务体系。

要在认真总结赣莲系列品种、太空莲良种推广应用经验的基础上，充分论证，着力构建稳定高效、覆盖全县的白莲新品种选育及良种繁育推广技术体系。太空莲的实践证明：白莲科研是广昌的优势；广昌白莲新品种选育及良种繁育技术体系建设需要突破广昌县域，立足广昌、面向全国。只有这样，才能继续保持和进一步发扬广昌白莲科研在全国的优势地位，并利用广昌县外的资源为广昌白莲产业发展服务。

（五）探索机制创新，增强白莲产业内在发展动力

发展白莲产业是一项长期的战略任务，需要不断进行机制创新，为白莲产业发展注入新的动力。

1. 探索土地流转机制

以农地承包经营长期不变制度为基础，探索土地使用权资本化、产权化。推广土地银行、土地入股合作社等新型流转方式，鼓励引导农民自愿将土地承包经营权存入“土地银行”，然后“土地银行”再将土地划块后贷给愿意种植的农户，实现土地的规模化、集约化经营；鼓励成立土地股份合作社，按照股份制和合作制的基本原则，农民把土地承包经营权转化为股权，委托合作社统一经营，合作社将土地经营收益按照股份进行分配。

2. 构建利益协调机制

大力发展白莲专业经济合作组织，积极构建县、乡、村 3 级莲农专业合作社示范体系，把莲农组织起来，增强莲农经营管理能力和对外维护自身利益、抵抗风险的能力。

同时，实施龙头带动战略，引进、培植白莲加工和销售领域的龙头企业。重点培育一批规模大、起点高、带动能力强的白莲加工企业，形成一批在国内外市场具有竞争力的龙头企业和品牌产品。

鼓励专业合作组织与龙头企业结成利益共同体。进一步改进利益分配机制。要积极

完善龙头企业利益返还机制，大力推行订单生产、入股经营等方式组织生产，提高莲农地位，保障莲农利益，促进白莲生产。要积极减轻白莲流通税负，切实做好信息、金融、运输等服务，降低白莲产品交易综合成本，带旺白莲流通。

3. 强化创新激励机制

广昌要把白莲产业做大做强，要建设创新型白莲产业，人才是基础。因此，强化白莲科技创新的激励机制，最大限度调动科技创新人员的积极性，至关重要。

强化白莲科技创新激励，要紧紧抓住两个环节。

一是科技创新环节。不论是原始创新、集成创新，还是引进消化吸收再创新，都要有相应的、具体的激励政策措施，比如创新成果奖励、成果转化效益奖励、成果转化收益提成，等等。

二是技术推广环节。技术推广是促进白莲产业科技进步的"二传手"，建议对白莲科研所及有关技术推广单位，积极探索实施市场化运作。在稳定基本工资收入的基础上，建立单位或个人收入与有偿推广科研成果、技术推广效益挂钩的机制，加快壮大单位实力，大幅提高技术人员个人收入。

(六)加强宣传造势，营造白莲产业发展良好氛围

1. 广泛动员全民参与

县委政府召开"全县白莲产业大发展"动员大会，统一思想认识，号召全县上下为白莲产业发展献计出力；开展白莲产业发展大讨论，各行业各部门结合自身工作为白莲产业发展做贡献。

2. 广泛征集宣传口号

广泛征集、提炼宣传口号，如发展广昌白莲，打造世界莲都；依靠科技进步，全面开发白莲；实施品牌战略，做大白莲产业；龙头加基地，把广昌打造成莲产业板块经济的聚集地等。

3. 加大品牌宣传力度

对外要加强品牌宣传。通过网络、电视、报纸等媒体和发布会、研讨会、论坛等形式，宣传广昌打造"世界莲都"的战略部署；大力加强广昌白莲品牌和系列开发产品的宣传，提高广昌白莲的知名度和品牌影响力。通过注册商标、申报认证、举办国际莲花节等方式，大力宣传广昌白莲，组织申报广昌白莲国家名牌农产品、省级名牌农产品称号，争创国家驰名商标、著名商标，努力树立广昌良好的销售形象，争取创造出更多的在国内外市场上

有较高知名度和影响力的名牌产品，走出一条培育名牌、开发名牌，依靠名牌开拓市场、占领市场的新路子。

4. 加强部门协同合作

各部门既有明确分工又有合作协调，如与科技部门合作抓科技创新与白莲的知识产权保护；与工商部门携手加强白莲地理标识产品的注册，省内、国内与国际驰名商标的创建与系列产品开发；与旅游部门共同开发白莲旅游的开发；与城建部门联手通过城市建筑打造“广昌白莲之乡”；与民政及宗教部门共同吸引社会资金投入莲佛文化创意产业开发；与发改委、农业局、扶贫办协调整合白莲产业项目工程及投入等。

总之，举全县之力共同打造“广昌白莲”这一主导产业，达到带动全县社会经济全面跨越发展的最终目的。

后 记

中国是莲的发源地,莲在我国分布广泛,品种众多。根据用途不同,可分为藕莲、花莲和子莲;根据加工方式不同,子莲又分为机械磨皮莲(俗称"红莲")和通芯莲(俗称"白莲")。江西省是白莲生产大省,2010 年种植面积 16.26 万亩,产量 13251 t,广昌是白莲生产大县之一。而广昌是 1986 年国务院确定的国家重点贫困县,2002 年列入国家扶贫开发工作重点县,2010 年被确定为国家"县为单位、整合资金、整村推进、连片开发"扶贫试点县。广昌县委、县政府在探索产业脱贫致富过程中看准了白莲特色产业发展优势,积极引导构建广昌白莲现代产业体系。广昌县白莲生产有 1300 多年的历史,其产地资源丰富、环境容量较大、要素成本较低和原产地莲文化积淀优势、突出的科技人才优势,成就广昌白莲成为县域经济支柱产业和农民增收主要来源。

中国农业科学院农业资源与农业区划研究所 2011 年 7 月接受委托,2012 年 10 月完成白莲产业发展规划编制工作。规划期间《中央苏区振兴规划纲要》《关于促进赣南苏区发展振兴的若干意见》两项报告获中央领导批示,为广昌白莲产业发展营造了最为有利的外部环境。规划组围绕打造"世界莲都"品牌,从 SWOT 分析,到总体思路、目标、原则、任务,科技兴莲等八大战略以及细致策划的八大重点建设工程与"广昌白莲"品牌提升七层战略与开发构想规划等。从产业全链条角度提出了广昌白莲产业发展的战略构想与产业主攻方向,兼顾宏观指导与项目策划、技术转化与成果推广有机结合,符合现代农业发展特色。成果运用生产布局学、区域经济学与发展经济学及系统工程学理论,从白莲产业全链条系统提出产业开发必须遵循特色资源依托等六条原则,以及"扩面积、提单产、育新种、增效益"的产业总体发展思路与"科技兴莲、人才聚莲、质量立莲、品牌强莲、市场活莲、旅游旺莲、文化养莲、产业富莲"八大战略构想;并进一步研究提炼出"科研、种植、加工、品牌、市场及旅游白莲产业的六大主攻方向,契合广昌实际,为未来广昌白莲产业发展进行了全面策划。规划使广昌县委、县政府发展白莲产业思路更清晰;各部门相互协调、密切配合抓白莲产业的措施更有力;国家与省(市)领导部门的扶持更多,支持也更到位。同时广昌县已提出进一步加快白莲产业发展的意见:推进白莲批发市场的建设,推进荷源公园的建设,已完成征地及规划设计。《广昌白莲产业发展规划》对地方特色产业开发项目的具体实施起到了重要的引领与推动作用。成果已于当年获得广昌县人大常委会批准实施。规划强有力地推动了白莲主导产业升级与老区群众产业脱贫致富步伐。

(1)广昌县人民代表大会常务委员会文件《关于颁布实施〈广昌县白莲产业发展规划〉的决议》(广常发〔2013〕13号),广昌县人民代表大会常务委员会办公室,2013年4月27日印发。

摘要:决议要求,县人民政府要及时把该规划纳入县域经济发展总体规划,迅速营造白莲产业发展氛围,制定发展实施意见,同时积极整合相关部门资金,大力推进白莲产业发展项目实施。

(2)国家发展改革委员会文件《国家发展改革委关于下达农产品批发市场项目2013年中央预算内投资计划的通知》(发改投资〔2013〕1069号),江西省发展改革委办公室,2013年6月25日印发。

摘要:农产品批发市场项目2013年中央预算内投资计划江西省共4项,广昌县白莲专业批发市场信息系统与检测系统建设项目为新建,建设26000 m^2 特色农产品交易设施、仓储物流中心、保鲜车间、冷库、信息系统、检验检测系统及配套设施。2012年开工,2013年建成。合计投资5940万元,其中,中央投资350万元,用于建设信息系统检验检测系统及附属设施(赣发改经贸字〔2012〕2223号)。

(3)科学技术部文件《科技部关于下达2013年度引导类计划项目课题专项经费预算的通知》(国科发财〔2013〕626号),科学技术部办公厅,2013年10月22日印发。

摘要:根据《财政部关于批复科技部2013年政策引导类计划专项相关项目(课题)预算的通知》(财教〔2013〕282号),下达广昌县白莲科学研究所经费预算160万元,专项用于项目的相关支出。国家级星火计划项目批准文号:国科发计〔2013〕571号;项目名称:特色经济作物白莲高效安全生产技术集成与示范;项目编号:2013GA730002;承担单位:广昌县白莲科学研究所;项目负责人:谢克强。

(4)江西省科学技术厅文件《关于同意组建2012年度江西省重点实验室和工程技术研究中心的通知》(赣科发财字〔2012〕155号),江西省科学技术厅办公室,2012年8月20日印发。

摘要:其中江西省白莲工程技术研究中心(依托单位:广昌县白莲科学研究所,主管部门:抚州高科技局)。各有关主要管部门要进一步充分认识省级科技创新研发平台建设的重要性,并给予大力支持。按照管理办法的要求,充分发挥主管部门的作用,加大研发平台的科技投入,通过省级重点实验室或工程技术研究中心的管理委员会加强组建过程管理,指导组建工作。

(5)江西省发展和改革委员会文件《江西省发展和改革委员会关于支持广昌县白莲良种繁育及产业化综合开发示范区建设的会议纪要》江西省发展和改革委员会办公室,2012年10月30日印发。

摘要:2012年10月24日,省发展和改革委员会党组成员、副主任曾文明召集综合处、农经处、投资处、地区处、产业处、经贸处、社会处有关负责同志,就省发展和改革委员会如何集中力量支持广昌县白莲良种繁育及产业化综合开发示范区建设项目召开协调会。专题会议纪要,广昌县是新一轮扶贫开发工作重点县,是赣南等原中央苏区振兴的主战场之一。根据国家和省里项目安排的基本要求,集中力量支持广昌有关项目建设,分期分批、逐年推进,力争用3年时间基本完成示范区建设,促进广昌加快发展、赶超发展。一是支持打造广昌白莲良种繁育及产业化综合开发示范区(融资和招商等);二是积极帮助广昌向国家争取支持(10个方面);三是加大省级层面对广昌的支持力度(7个方面)。

(6)江西省财政厅、江西省扶贫和移民办公室文件《关于下达2012年度财政扶贫资金(连片开发试点资金)的通知》(赣财农指〔2012〕79号),江西省财政厅,2012年11月5日印发。

摘要:附件:2012年连片开发试点资金分配表,广昌县中央财政扶贫资金200万元。

(7)江西省发展和改革委员会文件《江西省发展和改革委员会关于广昌白莲良种繁育及产业化综合开发示范区建设项目》(赣发改农经字〔2012〕2794号)立项的批复,江西省发展和改革委员会办公室,2012年12月21日印发。

摘要:抚州市发展和改革委员会:报来"抚州高市发展和改革委员会就关于对《广昌白莲良种繁育及产业化综合开发示范区建设项目》(抚发改农经字〔2012〕124号)立项的请示"收悉。经研究批复如下:一是为进一步加强广昌白莲种质资源保护、研究和综合开发利用,同意实施广昌白莲良种繁育及产业化综合开发示范区项目。二是项目建设单位:广昌县昌发投资开发公司、广昌县金莲花白莲生物技术开发有限公司、广昌县莲香食品有限公司等。三是项目建设地点:广昌县莲花科技博览园、驿前镇、盱江镇、赤水镇、广昌县工业园区及全县白莲主产区。四是项目建设期:2012—2015年。五是建设规模和主要建设内容:涵盖了《广昌县白莲产业发展规划》所设计的八大重点项目工程。六是项目估算总投资483027.54万元,资金来源为争取上级支持、招商引资及建设单位自筹解决。

(8)江西省财政厅文件《江西省财政厅关于下达2013年基本建设支出预算(拨款)的通知》(赣财建指〔2013〕61号),江西省财政厅办公室,2013年5月17日印发。

摘要:2013年基本建设支出预算(拨款)表,广昌县白莲良种繁育及产业化综合开发示范项目资金200万元,用于技术推广与培训。

(9)江西省财政厅文件《江西省财政厅关于确认2013年县级整合支农资金促进产业发展省级财政绩效考评奖补县资格的通知》(赣财农〔2013〕75号),江西省财政厅办公室,2013年8月21日印发。

摘要:根据省财政厅文件《关于组织申报2013年度县级整合支农资金促进产业发展省级财政绩效考评奖补县资格的通知》(赣财农〔2013〕46号),各设区市共择优选择35个县(市、区)申报县级支农资金整合省级财政绩效考评奖补县。其中广昌县立项产业为白莲。

(10)江西省九三学社、科技厅与农业厅确定了帮扶广昌以帮扶白莲产业为主,帮扶白莲产业以帮扶白莲科研为主的原则。

牵头组织南昌大学食品学院、省科学院食品工程中心、江西农业大学农学院、省农业机械研究所、广昌白莲科研所等单位组建江西省白莲产业科技协同创新中心,并开始按照白莲规划,从品种选育、高产栽培、病虫防治、活性物质提取与功能食品药品开发、机械化生产等方面开展研究创新研究工作。其中,九三学社组委省政协副主席李华栋帮广昌在农业部张桃林副部长协调下争取《广昌白莲良种繁育基地建设》项目(资金未知),该项目省农业厅也大力支持,还准备以协同创新中心为背景争取把白莲列人2014年农业部公益性行业科研专项。省科技厅帮助广昌申报了2014年度科技部的重大星火计划项目(300万元),排在江西省所有申报项目第一;另外还将帮助广昌县申报科技部科技富民强县专项续建(原已实施过)项目。同时广昌县正在草拟进一步加快白莲产业发展的意见,推进白莲批发市场的建设(目前正在征地),推进荷源公园的建设,已完成征地及规划设计。

2012年以来,我国白莲产业得到了全面快速发展,2016年全国白莲种植面积200万亩,产量达16万t以上,总产值达150亿元以上。白莲产业已成为我国农业生产的重要组成部分,为解决农村人口就业、促进农民增收做出了重要贡献。作为广昌白莲产业规划的技术负责者,我在规划实施五年后有幸受邀参加参加2017年中国广昌"白莲产业高峰论坛"暨系列活动。7月12日,由江西省农业厅、抚州市人民政府主办,广昌县委、县人民政府承办的2017中国广昌"白莲产业高峰论坛"开幕式在广昌举办,论坛为期2天,邀请国内白莲产业方面近两百名专家、学者、知名企业人士参加论坛,共同讨论各地广昌白莲种植、科研、产业化及旅游等方面取得的成绩,总结交流白莲产业发展经验、梳理发展中存在的问题,并对我国白莲产业未来发展方向、发展规划等进行深入探讨把脉。我有幸作为规划专家获邀参加开幕式、学术研讨会及全国重要农业文化遗产——江西广昌莲作文化系统授牌仪式;并做了主题报告与专家学者们前往广昌县驿前古镇——世界最大莲池——姚西村莲花景区、县莲花科技博览园、白莲深加工企业江西致纯食品有限公司等考察。非常有成就感，规划真真切切实施。

其实早在2004年广昌白莲被批准为国家地理标志保护产品；2006年颁布实施《广昌白莲》国家标准；2007年创建全国唯一家绿色食品原料（广昌白莲）标准化生产基地。规划实施5年来，广昌县白莲种植面积达10万余亩，总产8500 t，已拥有白莲系列产品企业有20余家，白莲经济合作社70多家，拥有自主品牌注册商标三十余个。白莲综合产值达10亿元以上，全县农民人均从白莲产业中受益达2300元以上。

广昌已经成为我国最大的白莲科研生产中心、集散中心和价格形成中心。广昌县依托特有的莲花资源发展休闲旅游，2016年“中国莲花第一村”姚西莲海景区挑战“世界最大莲池”吉尼斯世界记录成功，全县年接待游客80万人以上，实现旅游收入上亿元。广昌已经成为我国最大的白莲科研生产中心、集散中心和价格形成中心。广昌县依托特有的莲花资源发展休闲旅游，2016年“中国莲花第一村”姚西莲海景区挑战“世界最大莲池”吉尼斯世界记录成功，全县年接待游客80万人以上，实现旅游收入上亿元。

2016年7月7—9日，在美丽的中国白莲之乡江西广昌县上空，集结了数十架无人机，“飞阅莲乡”首届华南（中国广昌）无人机摄影大赛正在这里举办。此次大赛吸引了来自江西、湖北、湖南、广东、福建、浙江6省的30余名航拍摄影爱好者参与。所有参赛选手将中国莲花第一村姚西、国家级历史文化名镇驿前古镇、广昌路上红色群雕园等地进行无人机摄影创作，通过空中视角阅览和记录莲乡的大美景观。

2014年以来，广昌县为深入开展社会主义核心价值观宣传教育，促进全县精神文明建设和公民道德素质提升，每年在全县范围内积极开展“最美莲乡人”评选活动，从群众公认，来自基层一线，长期从事公益事业，热心服务群众的基层工作人员和百姓身边的好人中选出10名“最美莲乡人”。在评选活动中，广昌县按照“助人为乐”“见义勇为”“勤劳致富”“诚实守信”“敬业奉献”“孝老爱亲”的6大类别具体设置。采取组织推荐、他人推荐和个人自荐相结合的方式推选出候选人名单，并经过组织评选、评审公示、大众投票、奖项评定等公开、公正、透明程序，分别确定10名“最美莲乡人”名单和10名提名奖名单，予以表彰奖励。

2017年7月11日晚，广昌县第十二届国际莲花节暨第三届“最美莲乡人”颁奖晚会上，10名“最美莲乡人”和10名提名奖获得者获得表彰，晚会上的每一个文艺节目都以“最美莲乡人”的事迹为蓝本创作。

他们中有像形影不离照顾患病哥哥的黄忠方，有长年照顾瘫痪在床丈夫的赖水莲，有照顾患病母亲同时努力学习的徐文峰，有带头整治村庄环境，推动移风易俗新政策的易兴标，有30年扎根农村教育的优秀教师伍广昌。美丽的莲乡，“草根英雄”的平凡故事深深打动着现场观众的心。他们用平凡的事迹书写了人性中美好的不平凡的精神境界。2017“最美莲乡人”评选活动微信投票开始啦，谁是“最美莲乡人”咱老百姓说了算！2017 年 6 月 23 日至 2017 年 7 月 3 日 09:00。2017 年 8 月初，江西广昌县白莲交易市场，大批白莲经纪人把从莲农手中收购来的白莲在此进行交易。随着江西广昌县及其周边县区 20 多万亩白莲进入采收期，广昌县白莲农产品交易市场火爆升温，大量白莲农产品被销往广东、上海、江苏等全国各地市场。据统计，目前该县有数千名农产品经纪人活跃在白莲运销流通领域，白莲日平均交易量达 4 万 kg，全县白莲商品率达 95 以上，是我国最大的白莲集散中心、价格形成中心和信息发布中心。

江西广昌县是闻名遐迩的“中国白莲之乡”，当地种莲历史长达 1300 多年，这里盛产的通芯白莲色白、粒大、味甘、清香、营养丰富、药用广泛，被誉为“莲中珍品”，是国家地理标志保护产品。该县拥有全国首家白莲专业市场，影响力辐射周边建宁、石城、宁都、宜黄、南丰等白莲产区，素有“莲不过广昌不香”之说，广昌白莲已成为全国叫得响的优质白莲农产品品牌。

目前，落户于广昌县工业园区的江西致纯食品股份有限公司生产车间正在赶制订单。该公司是目前我国投资规模最大、技术含量最高的白莲产业深加工企业，总投资 5 亿元，企业建有一条年产 60000 t 莲子汁生产线，一条年产 3000 t 莲子、莲藕、荷叶减肥饼生产线，一套年处理 10000 t 鲜莲藕设备，五套年加工 6000 t 干莲子烘干房。项目全部投产后，预计年产值达 10 亿元，安排就业 600 余人。

附录 A　白莲产业规划及成果

《广昌县白莲产业发展规划》
评审意见

2012 年 8 月 4 日，广昌县人民政府在北京组织有关专家对《广昌白莲产业发展规划》（以下简称《规划》）进行评审。专家组认真听取了规划编写组的工作汇报，详细审阅了《规划》及有关材料，经过认真讨论，形成如下意见：

一、《规划》全面客观地分析了广昌白莲产业发展的背景、历程、现状和资源条件，提出了广昌白莲产业未来不同阶段发展的总体思路、目标原则、总体方案和发展战略。该《规划》符合中央新阶段《中国农村扶贫开发纲要（2011—2020）》的战略部署和国家促进中部崛起的总体要求，策应了《国务院关于支持赣南等原中央苏区振兴发展的若干意见》的战略决策，适应了江西革命老区经济战略性结构调整新形势。该规划填补了广昌白莲特色产业发展的空白。

二、《规划》以市场为导向，按照特色资源依托、比较优势强化、产业系统开发等原则，提出的科技兴莲、人才聚莲、质量立莲、品牌强莲、市场活莲、旅游旺莲、文化养莲、产业富莲等八大战略构想与产业的六大主攻方向，符合广昌实际，将有利于促进该县白莲主导产业的进一步发展。

三、《规划》明确提出了“一个中心，三大基地，五大体系”等八个重点项目建设内容，并把产业创新的研究领域、品牌建设、建设目标与建设任务，以及实验室的建设设计等，作为广昌白莲产业发展的重要内容进行了详细规划，具有可操作性。

四、《规划》按照白莲产业发展要求，所设计和提出的广昌白莲品牌提升与市场营销推广策划方案，白莲产业开发建设项目投资预算与效益分析，以及制定配套政策、健全管理机构、加大资金投入、推动科技创新、探索机制创新和加强宣传造势等措施，为《规划》的实施提供了有力的保障。

专家组一致认为，《规划》具有较强的系统性、前瞻性和创新性，《规划》所选建设项目，依据充分、布局合理、科学性强，同意通过评审。建议编制组根据专家意见进一步修改完善后，地方政府尽快按程序批准实施。

评审组组长：

2012 年 8 月 4 日

2012 年 8 月 4 日，广昌县白莲产业发展规划论证会在中国农业科学院召开

2017 年 7 月，中国·广昌“白莲产业高峰论坛“学术研讨会

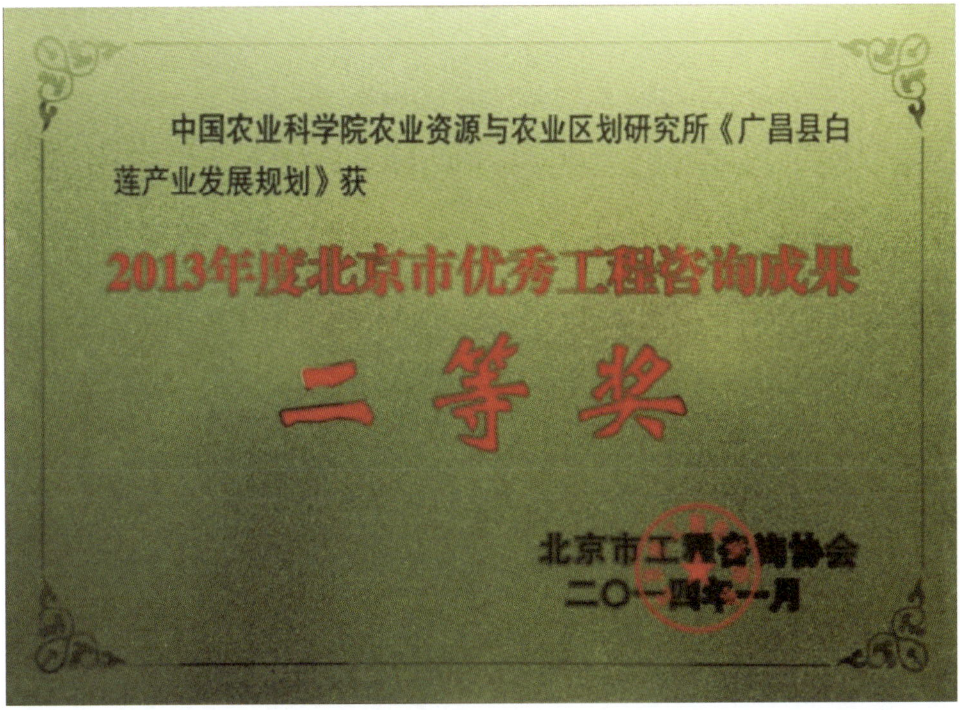

中国农业科学院农业资源与农业区划研究所《广昌县白莲产业发展规划》获

2013年度北京市优秀工程咨询成果

二等奖

北京市工程咨询协会

二〇一四年一月

荣誉证书

中国农业科学院农业资源与农业区划研究所荣获全国农业优秀工程咨询成果二等奖，特颁发证书，以资表彰。

获奖项目：广昌县白莲产业发展规划

中国工程咨询协会农业专业委员会

中国勘察设计协会农业专业委员会

2014年12月

中国农业资源与区划学会
科学技术奖励证书
项目名称：广昌县白莲产业发展规划
奖励等级：一等奖
获 奖 者：中国农业科学院农业资源与农业区划研究所
2016年2月24日
证书号：2016-D-1-02-01
国科奖社证字第0198号

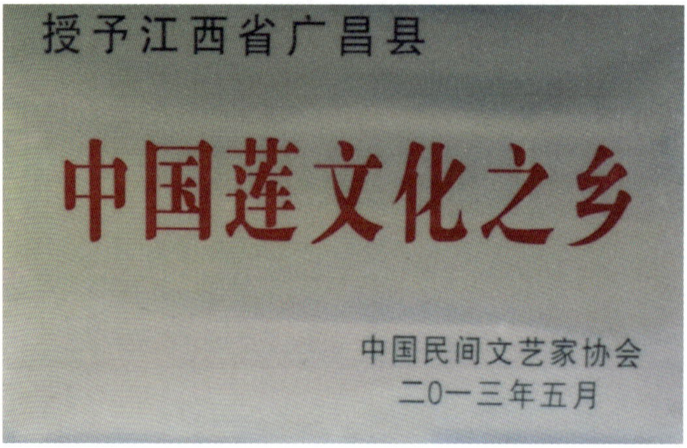
授予江西省广昌县
中国莲文化之乡
中国民间文艺家协会
二〇一三年五月

證書
[CERTIFICATE]
在2014中国农产品区域公用品牌价值评估中，广昌白莲品牌
价值为5.05亿元人民币。
中国农产品区域公用品牌价值评估
China Agriculture Brand Value Evaluation
中国农产品区域公用品牌价值评估课题组
China Agriculture Regional Brand Value Evaluation

科技活动周
NATIONAL SCIENCE WEEK
荣誉证书
广昌县莲花科技博览园：
在2014年全国科技活动周“科研机构和大学向社会开放”活动中，积极参与，热情服务，成效显著。
特发此证，以资鼓励。
全国科技活动周组委会办公室
科技部政策法规司（代章）
政策法规司
2014年5月

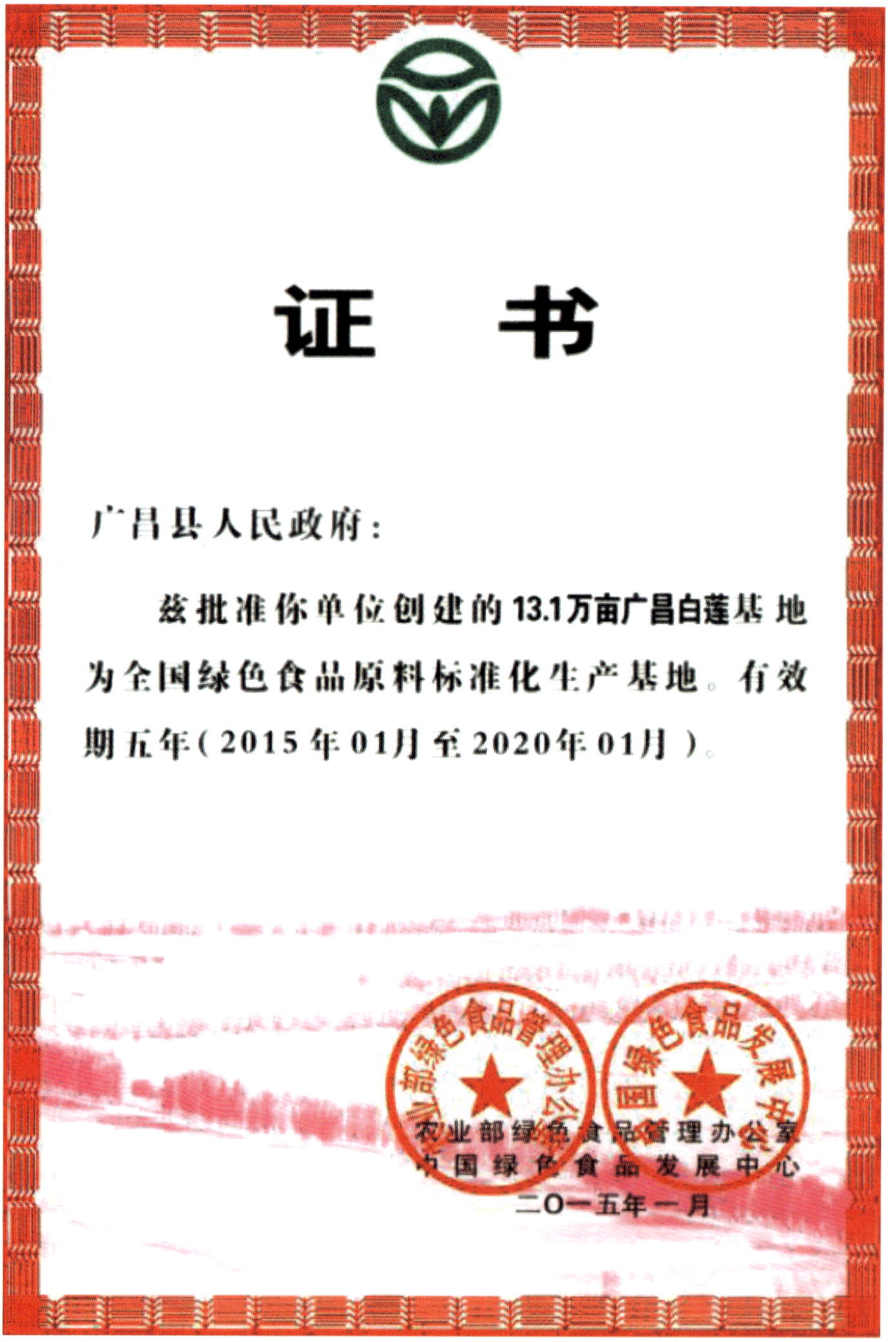

证　书

广昌县人民政府：

兹批准你单位创建的13.1万亩广昌白莲基地为全国绿色食品原料标准化生产基地。有效期五年（2015年01月至2020年01月）。

农业部绿色食品管理办公室
中国绿色食品发展中心
二〇一五年一月

GUINNESS WORLD RECORDS
CERTIFICATE
The largest lotus filed is 1.08 km²
and was achived by
Guangchang County
People's Government (China)
in Guangchang, Jiangxi, China
on 9 July 2016
OFFICIALLY AMAZING
RECORD HOLDER

附录B　白莲主要品种及生产

莲子好吃去壳去芯难，都是莲农手工剥壳通芯

每年莲子采收农忙季节，家中孩子
也要抽空帮忙

2017年，调研莲子产业，去壳工具
提高了剥壳效率

1994 年，江西省广昌县白莲科学研究所将“广昌白莲”搭载卫星上天进行诱变，后经过十几年的精心培育，反复筛选，培育出了多个新品种，太空莲 36 号便是其中之一，它具有产量高、抗病较强等特点

因莲子品种不同株型各异，种植密度试验通过对比来确定不同品种莲子单位面积种植规模，以达到莲子质量最佳同时单产最高的目的

星空牡丹是江西省广昌县白莲研究所通过卫星诱变培育的子莲和花莲兼用的新品种，宜田栽或湖栽，曾获全国第十八届荷花展大中型荷花二等奖

广昌县太空莲科研基地荷花品种牡丹莲之一，重瓣花让整朵莲花都变成了牡丹绣球的样子

以江西省广昌县白莲科学研究所育成的太空红旗为母本，冬花红为父本杂交并于2006年8月育成的飞舞型重瓣类品种，花紫红色，花蕾长桃形、紫红色，花期较长，可从6月中旬开到国庆期间，故命名为“国庆红”

广昌县栽植的荷花品种之一

广昌县栽植的荷花品种之一

“新统帅”是广昌县栽培的白莲品种之一

京广2号是广昌县白莲科学研究所通过航天搭载空间诱变育种技术，以太空莲1号为亲本，通过离子注入诱变选育而成的子莲品种

2017年，中国广昌第十二届国际莲花节暨第三届“最美莲乡人”颁奖晚会

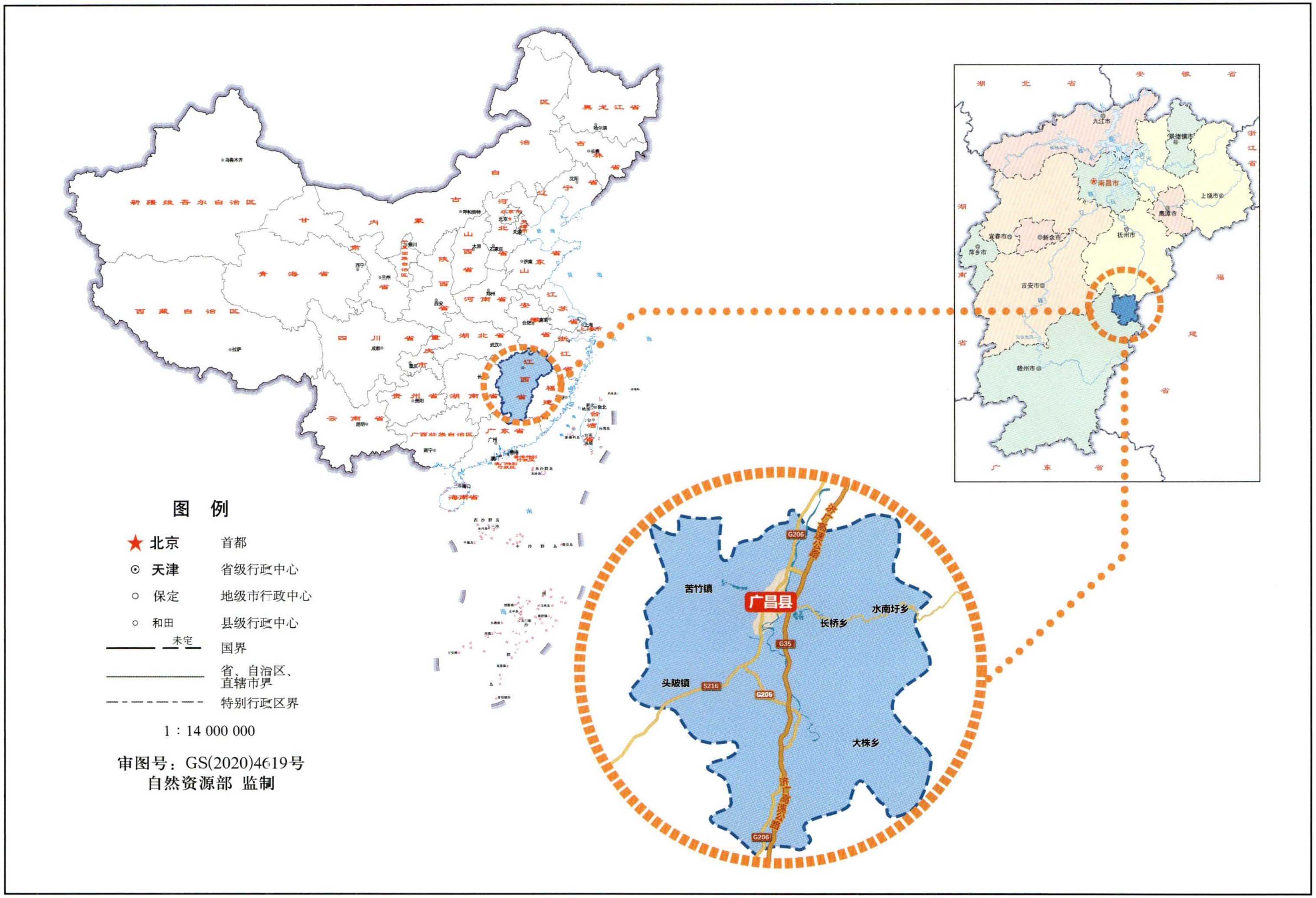

彩图 1-1 广昌县交通区位分析

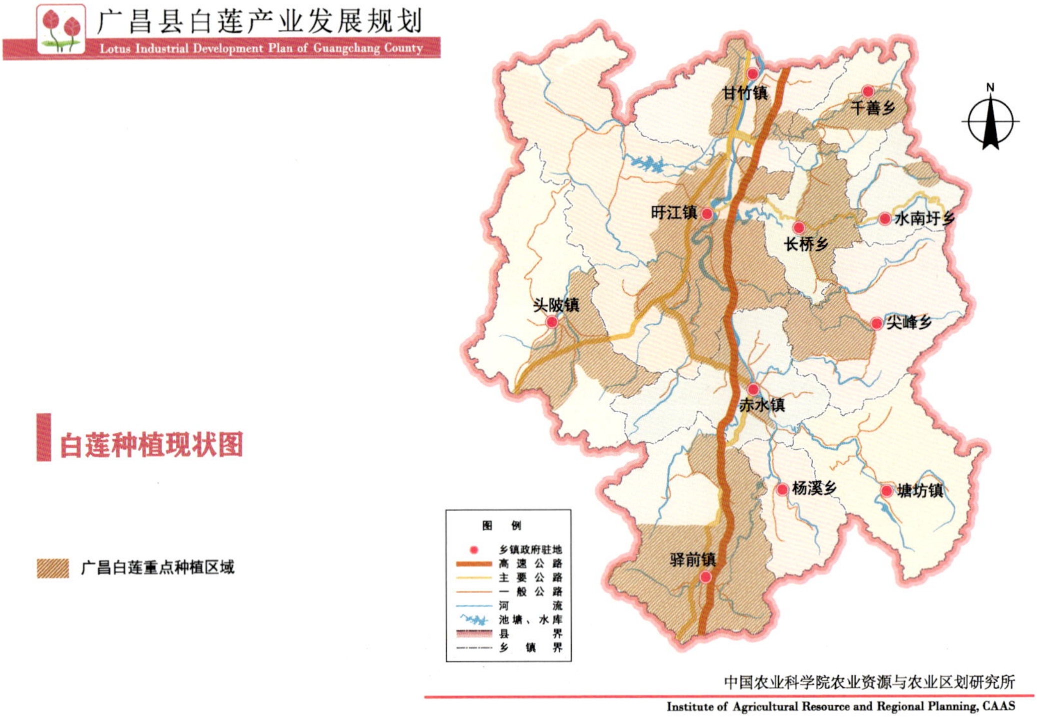

彩图 1-2　广昌县白莲种植现状

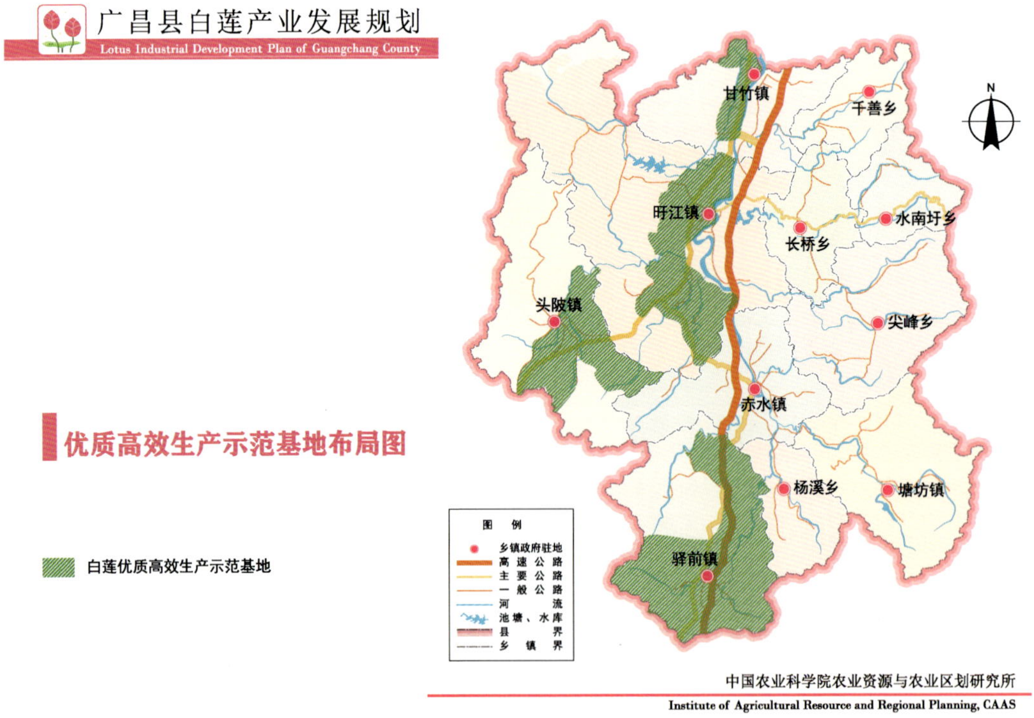

彩图 5-3　白莲优质高效生产示范基地建设布局

彩图 5-4　广昌旅游文化基地建设布局

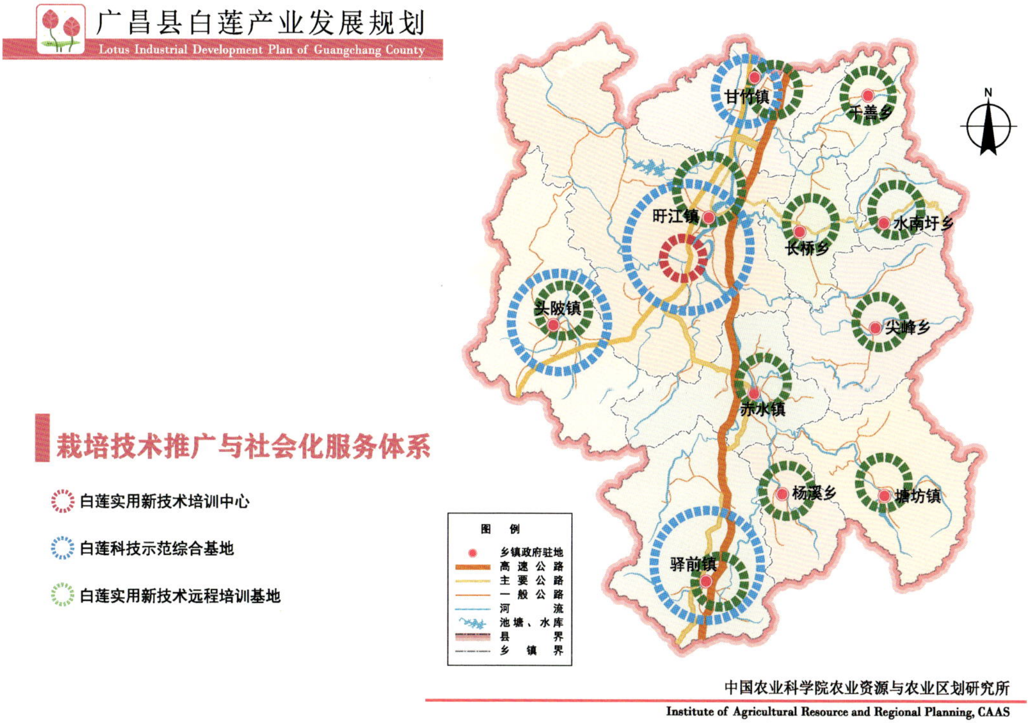

彩图 5-7　白莲栽培技术推广与社会化服务体系